# ÉTIENNE BALUZE

# ÉTIENNE BALUZE

## SA VIE — SES OUVRAGES — SON EXIL

## SA DÉFENSE

PAR

### ÉMILE FAGE

TULLE

IMPRIMERIE CRAUFFON ADMINISTRATIVE ET COMMERCIALE

Rue Général Delmas

1899

# ETIENNE BALUZE

## I



Quand il est question de Baluze, la pensée se
reporte tout de suite au plus grand, au bibliothécaire de Colbert, au maître historien, et j'en ai à
peine dit quelques mots dans les notices que j'ai
consacrées à plusieurs membres de cette famille.
C'est une lacune à combler dans ma petite galerie.
Je viens donc, à mon tour, comme enfant de la
même ville et dans un sentiment de gratitude pour
l'illustration qu'il lui a donnée, parler de cet écrivain qui marqua, de son temps, dans l'élite intellectuelle de l'Europe, et de ce Tulliste fervent qui
eut, au plus haut degré, le culte du pays natal.

Sa vie tout entière fut vouée à l'étude. On y

chercherait en vain l'intérêt anecdotique de celle
d'un Balzac ou d'un Voiture. Elle a été peu acci-
dentée. Si n'étaient les tragiques épisodes qui en
désolèrent la fin, elle se fût écoulée tranquille et
unie comme la vie d'un bourgeois lettré de sa province.

Peu de carrières de savants présentent un aussi
beau modèle de labeur patient et utile; peu d'exis-
tences ont été aussi longues et mieux remplies.
Les travaux d'Etienne Baluze sont de premier
ordre. Il a pour clients les érudits de tous les temps
et de tous les pays. Son nom à la Bibliothèque
nationale de France est honoré entre tous ; qui
aime Baluze est de la maison.

Sa renommée, si grande, n'est pas toutefois de
celles qui pénètrent partout. Elle a plus de solidité
que d'éclat. La sphère où elle rayonne est cir-
conscrite à l'érudition pure. C'est dans les Académies et les Bibliothèques, dans les cabinets des
hommes de savoir qu'elle a son siège principal et
son lustre véritable. Le public l'ignore. Dans sa
propre patrie limousine, sauf pour un petit groupe
d'adeptes qui ont la religion de ses écrits, le nom
de Baluze n'évoque qu'une image confuse, le vague
souvenir d'un célèbre enfant du pays. Le genre
sévère, auquel il se consacra, n'engendre pas la
popularité ; la langue latine qu'il employa communément a mis, pour le plus grand nombre, ses
lumières sous le boisseau. Et cependant, de l'avis
de ses plus illustres contemporains comme des
maîtres modernes, aucun écrivain, dans l'ordre
des connaissances qu'il cultiva, ne servit mieux
que lui la république des Lettres et n'eut plus de
droits à la reconnaissance de la France savante et
polie.

Laissant aux juges compétents le soin de discuter et d'apprécier son œuvre, et me bornant à
indiquer ceux de ses ouvrages qui ont eu le plus

d'influence sur sa destinée d'écrivain [1], je m'attacherai surtout à exposer les traits dominants et les aspects divers d'une physionomie, qui serait incomplètement connue, si on s'en tenait au personnage officiel des biographies courantes.

Etienne Baluze naquit à Tulle, le 24 novembre 1630, de Jean-Charles Baluze et de Catherine Teyssier. Son entrée dans la vie fut marquée par une date sinistre. Une grande disette désolait la contrée. Quelques mois plus tard, éclatait la peste. L'horrible fléau s'était enfermé dans les murs de la ville et en décimait les habitants. Les gens affolés cherchaient leur salut dans la fuite. Le grand-père de Baluze se retira le 6 septembre 1631, avec toute sa famille, au lieu de Chaunac, près Tulle, dans la maison du sieur Teyssier, avocat. Un grand nombre d'habitants firent de même, désertèrent la ville, « et ceux qui demeurèrent firent de grandes voleries sur les biens des pestiférés et infectés, et y mourut environ 2,500 personnes, et la plupart de faim et de soif, ne pouvant trouver d'eau pour boire, estant du tout abandonnés » [2].

Six mois après, le 11 mars 1632, dès que la peste commença à s'adoucir, la famille Baluze regagna la ville morne, en partie déserte, à peine reconnaissable, encore sous le coup de la contagion qui n'avait pas quitté les faubourgs, notamment celui de la Barrière où, depuis le commen-

---

(1) Voir, pour l'ensemble de ses ouvrages, les *Œuvres de Baluze cataloguées et décrites*, par René Fage ; Tulle, imprimerie Crauffon, 1882 ; et le *Complément des Œuvres de Baluze cataloguées et décrites*, par le même ; même imprimerie, 1884.

(2) *Le Livre de raison des Baluze*, publié par Louis Guibert. *Bulletin de la Société des Lettres, Sciences et Arts de la Corrèze* ; année 1887.

cement, le fléau n'avait cessé de sévir. Elle eut le bonheur, dans ces cruelles circonstances, de ne perdre aucun des siens.

Telle fut l'étoile sous laquelle Etienne Baluze vint au monde. Son père, à ce moment, sortait à peine de la minorité ; mais c'était un jeune homme de raison, instruit, déjà en réputation dans son pays à cause de son intelligence, de son goût des lettres et d'une éloquence naturelle qui avait du charme. Etienne eut ainsi, de bonne heure, sous les yeux un précieux exemple, et à portée de la main un guide excellent pour se conduire. A voir plus tard et à retrouver en lui, agrandies et florissantes, d'aussi belles qualités, on est amené à penser qu'il les tenait en germe de son père. D'autres influences de milieu et de famille ne contribuèrent pas moins à former l'âme de Baluze, notamment la ferveur de patriotisme et d'amour du pays natal de ses ancêtres, et l'esprit débrouillard, avisé, perspicace des diplomates ses parents, qu'on appelait à Tulle *les Polonais*[1]. Par sa mère, il appartenait à une ancienne famille bourgeoise du pays, de bonne culture intellectuelle, d'esprit vif et orné, maniant avec facilité la plaisanterie légère et la pointe gauloise ; témoin ce Jean Teyssier, de Tulle, qui, en haine d'un mariage clandestin qui lui avait enlevé sa fiancée Catherine de la Forestie, institua dans sa ville les Jeux de l'Eglantine, pour couronner les gens de l'endroit qui diraient du mariage le plus

---

(1) Antoine Baluze, Etienne Baluze, Jean-Calmine Baluze, Jean-Casimir Baluze. — Voir notre notice intitulée *Les Baluze* ; Tulle, imprimerie Crauffon, 1887 ; et le tableau généalogique de la famille Baluze, dressé par Louis Guibert. — *Bulletin de la Société des Lettres, Sciences et Arts de la Corrèze*, année 1887.

de mal dans les meilleurs termes [1]. Enfin, est-il invraisemblable de penser que son imagination fut redevable des grâces et des couleurs dont elle se revêtait parfois au joli spectacle des petites vallées si fraîches, des cours d'eau et des bocages, des châtaigneraies touffues et des collines arrondies, que Baluze eut sous les yeux dans son enfance, dont il parlait avec attendrissement et qu'il n'oublia jamais.

Dès qu'il fut en âge d'aller au collège, ses parents le confièrent aux Pères Jésuites de Tulle. Il passa ses premières années d'étude dans leur maison. Sa facilité d'intelligence, son ouverture d'esprit, son application au travail, sa prodigieuse mémoire ne tardèrent pas à le signaler à l'attention de ses maîtres. Ses progrès furent si rapides qu'il se trouva tout désigné pour occuper bientôt, comme boursier, une place au collège Saint-Martial de Toulouse, qui avait été fondé au xiv<sup>e</sup> siècle, pour vingt étudiants limousins, par le pape Innocent VI.

Etienne Baluze avait seize ans lorsqu'il fut mis à Saint-Martial. Dans ce milieu d'instruction élevé, les qualités qui s'étaient déclarées en lui se développèrent avec une richesse extraordinaire. Si quelque hésitation se produisit, au début, sur l'orientation de ses études et de sa carrière, elle ne fut pas de longue durée. Sa famille aurait désiré le maintenir dans les voies professionnelles où elle était engagée. Son grand-père était avocat au

_______________

(1) Le ravisseur était le meilleur ami de Jean Teyssier, un docteur en droit, Guillaume de Maruc. Ce curieux épisode est relaté dans l'*Histoire du Collège de Tulle*, chapitre premier, p. 224 et suiv. par Clément-Simon. — *Bulletin de la Société des Lettres*, année 1889.

parlement ; son père occupait la même position [1].
On fit effort pour le décider à suivre leurs traces,
à étudier les sciences du droit civil. Mais le jeune
Etienne était porté d'instinct, et comme par une
vocation impérieuse, vers l'histoire et les lettres.
Il résista aux sollicitations de sa famille, et ce fut
sa vocation qui l'emporta.

A partir de ce moment, l'emploi de son talent
fut irrévocablement fixé. Maître de ses goûts et
de sa destinée, il se livra avec une ardeur pas-
sionnée au culte des belles-lettres et aux recherches historiques. La lecture de l'*Histoire de la
Maison de Turenne*, de Justel, avait été pour lui,
dès le collège de Tulle, une révélation. Des notes
qui datent de son séjour à Saint-Martial (1646-1654)
et publiées par le savant archiviste de la Haute-
Vienne, M. Alfred Leroux, nous ont fait voir
son application à l'étude, ses procédés de travail,
son éloignement pour les historiens d'imagination,
sa seule confiance dans les documents originaux,
la connaissance qu'il avait déjà « des hommes,
des localités et des événements propres au Limousin et tout spécialement au Bas-Limousin » [2].
Toulouse possédait alors une pléiade de profes-
seurs célèbres ; il s'inspira de leurs exemples,
s'instruisit à leurs leçons. Ses maîtres devinrent
ses amis. Des esprits aussi capables que les Caseneuve, les Poussines, les d'Hauteserre [3], n'avaient

---

(1) Dans le testament de Catherine Teyssier, en date du 26 mai
1683, il est qualifié ainsi qu'il suit : Jean-Charles Baluze, avocat
en la cour, enquêteur et commissaire examinateur au siège séné-
chal et présidial de la présente ville (Tulle).

(2) *Notes inédites d'Etienne Baluze*, par Alfred Leroux, *Bulletin
de la Société des Lettres, Sciences et Arts de la Corrèze*, année 1888,
p. 459.

(3) Caseneuve (Pierre de), né en 1591 à Toulouse, mort en 1652.
Il a laissé, entre autres ouvrages : un traité du *Franc-alleu* ; la
*Catalogne française* ; *Origines de la langue française* ; *Origine
des Jeux Floraux*.

Poussines (Pierre), né près de Narbonne en 1609, mort en 1686,

pas mis longtemps à reconnaître ce qu'il y avait de fonds sérieux et déjà d'acquis, de grandes espérances, dans une nature si heureusement douée, que nulle recherche ne rebutait, dont aucune fatigue n'altérait l'humeur, et qui poursuivait ses travaux avec une rigueur et une conscience au-dessus de son âge, avec une ténacité qui n'avait d'égale que sa précoce sagacité.

Baluze n'avait plus rien à apprendre sur les bancs du collège. Ses provisions d'étudiant étaient aussi complètes que possible. Il sortit de l'école, animé du feu sacré des fortes études, armé de raison, de savoir et de prudence. Le moment de voler de ses propres ailes était venu. Dans le monde où il allait prendre place, les difficultés et les écueils ne manquaient pas. Bien des voies et des sollicitations différentes s'offraient à lui, qui pouvaient le séduire, l'entraîner, le faire dévier du chemin qu'il s'était tracé. Le jeune échappé de Saint-Martial, à une époque où il était de bon goût de cultiver les genres les plus divers, eut la sagesse de résister au courant, de ne pas éparpiller ses forces, de ne pas se répandre, comme firent quelques écrivains de son temps, dans tous les champs du savoir. Il aurait pu, certes, à l'exemple de certains auteurs du XVII<sup>e</sup> siècle et non des moindres,

---

professa d'abord à Toulouse et fut appelé, en 1654, à Rome, où il occupa la chaire d'Écriture sainte, au collège romain. On a de lui des Traductions de plusieurs écrivains grecs avec des notes, un *Thesaurus asceticus*, et nombre de *Vies de saints* dans le recueil des Bollandistes.

Hautesserre (Antoine-Dadine de), professeur en droit à Toulouse, naquit dans le diocèse de Cahors, et mourut en 1682, à l'âge de 80 ans. Il a laissé des ouvrages fort estimés : un traité de l'*Origine de l'état monastique*, des notes sur les *Vies des papes* par Anastase ; un commentaire sur les *Décrétales d'Innocent III* ; un traité des *Origines des Fiefs*, et plusieurs autres remplis également d'érudition.

se créer dans les domaines variés de l'érudition une gloire aimable, à portée de la généralité des lecteurs, tenant du salon autant que de la bibliothèque. Baluze avait dans l'esprit ce qu'il fallait pour y réussir, de la vivacité, de l'enjouement, du relief, une tournure originale et toute personnelle, la diversité des connaissances et le brillant des lettres. Il eût excellé, ce nous semble, si son goût l'y avait porté, dans l'érudition à la Ménage et à la Naudé [1]. Il préféra les suffrages des savants à ceux du monde et disposa sa vie en vue de l'accomplissement de l'œuvre qu'il méditait. De bonne heure, en conséquence, il s'attacha à délimiter les territoires où son intelligence devait se déployer, et il s'y tint résolument, continuant jusqu'à sa mort de les explorer avec le même zèle.

Retrouver les origines de notre passé, donner pour fondement à nos annales des textes exacts, non des légendes et des récits fabuleux, substituer le document à la tradition et l'école critique à l'école narrative, introduire l'esprit d'examen dans les sciences de l'histoire, de la philologie, de la chronologie, de la législation ; donner une idée juste des institutions, des lois et des mœurs des temps anciens de la France par la production et l'explication des chartes qui les régissaient ; mettre en pratique et par là même enseigner l'art d'utiliser les sources ; s'appliquer à recueillir, éclaircir, annoter une masse de matériaux qui constituent, tant au point de vue de l'histoire que des lettres, un arsenal incomparable de documents, et qui ont

---

(1) Ménage (Gilles), né à Angers le 15 août 1613, mort le 23 juillet 1692 ; célèbre par l'étendue de ses connaissances, ses querelles littéraires et son bel esprit.

Naudé (Gabriel), né à Paris en février 1600, mort à Abbeville en juillet 1653 ; bibliographe des plus distingués, fort instruit, sceptique et railleur, enclin aux digressions et aux dissertations discursives.

fait dire à un prélat italien [1] que celui qui ne possède pas les ouvrages de Baluze « peut être considéré comme étant privé des éléments de travail les plus indispensables », — telle fut la tâche qu'Etienne Baluze s'était assignée et qu'il a supérement remplie.

_____

(1) Mansi (Jean-Dominique), prélat italien fort érudit, né à Lucques le 16 février 1692, mort le 27 septembre 1769.

Le P. Frizon et l'*Anti-Frizonius*. — Premières dissertations.
— Pierre de Marca. — Publication de l'œuvre de ce prélat.
— Reconnaissance de Baluze. — Ses démêlés avec l'abbé
Faget. — Ses lettres à l'évêque de Tulle et au président de
Marca.

Baluze débuta dans sa belle carrière, encore au
collège Saint-Martial, âgé de vingt-deux ans
à peine, par un livre qui fit quelque tapage. Un
Jésuite, le P. Frizon, venait de publier un ouvrage
sur la vie des cardinaux français, qui n'était pas
dépourvu de mérite, mais où nombre de bévues
s'étaient glissées, et qui se recommandait peu mo-
destement à l'attention du public par un titre à effet :
*Gallia purpurata*, la France sous la pourpre. Le
livre eut de la vogue. Le P. Frizon savourait paisi-
blement les douceurs du succès, lorsque Baluze s'a-
visa de relever les erreurs dont le *Gallia purpurata*
était entaché, et de décocher à la face du triomphant
écrivain, comme une flèche juvénile, son *Anti-
Frizon, Anti-Frizonius*. La flèche porta juste, fit
du tort au Jésuite et mit en évidence le débutant.

Il ne tarda pas à se faire mieux connaître par
deux Dissertations d'histoire ecclésiastique : l'une
dédiée à Mgr de Marca, archevêque de Toulouse,
et relative au temps où vivait S. Sacerdos ; l'autre
dédiée à Louis de Rechignevoisin de Guron, évêque

de Tulle, et traitant de S. Clair, de S. Laud, de
S. Ulfard et de S. Baumade, dont les reliques
étaient conservées dans l'église cathédrale de
Tulle [1].

Entre temps, il avait eu la chance d'être agréé,
comme secrétaire, dans la maison de Mgr de
Montchal, archevêque de Toulouse [2], et de se former en la compagnie de ce prélat docte et lettré,
célèbre par ses mémoires sur le cardinal de Richelieu. Le successeur de Mgr de Montchal au siège
archiépiscopal de Toulouse, qui était un homme
de haute distinction, exerça bientôt une influence
marquée sur son avenir d'historien. Erudit de
premier ordre, attaché aux hommes instruits, il
connaissait Etienne Baluze, l'appréciait, avait lu
ses écrits et accepté la dédicace de l'un d'eux. Des
goût communs et le même genre d'études les
rapprochaient. Mgr de Marca [3], qui avait sur le
chantier plusieurs ouvrages que les devoirs de sa
charge ne lui permettaient pas d'achever, eut le
bon esprit d'attacher à son service le jeune Etienne.
Le choix ne pouvait être plus heureux. Pierre de
Marca trouva dans son secrétaire un auxiliaire
aussi capable que dévoué. Il lui en témoigna de la
reconnaissance, le traita avec affection et devint
son protecteur. Leurs relations durèrent jusqu'à
la mort de l'archevêque, qui survint six ans après.

---

(1) Voir les *Œuvres de Baluze cataloguées et décrites*, par René
Fage, p. 11-16. Imprimerie Crauffon, 1882.

(2) Mgr de Montchal, en outre de ses écrits sur Richelieu, imprimés à Rotterdam en 1718, a publié une Dissertation concernant
l'étendue des droits des puissances séculières, en matière de taxe,
sur les biens de l'Eglise.

(3) Marca (Pierre de), théologien et historien français, né en 1594
dans le Béarn, près Pau, mort le 29 juin 1662 à Paris. Successivement conseiller, président du parlement de Pau, conseiller d'Etat,
intendant de la Catalogne. Il reçut les ordres après la mort de sa
femme et fut élevé sur les sièges de Couserans (1642), de Toulouse
(1652) et de Paris (1662).

Pendant ce laps de temps, Baluze publia plusieurs Dissertations qui lui firent beaucoup d'honneur et collabora assidûment aux travaux personnels de M. de Marca. Il lui avait inspiré une telle estime que le prélat remit le dépôt de ses manuscrits entre les mains de son secrétaire et lui en confia la publication.

Baluze s'acquitta de son mandat avec conscience et talent. Dès 1663, il donnait la première édition complète d'un savant ouvrage de son bienfaiteur, de la *Concorde du Sacerdoce et de l'Empire* [1]. Elle était précédée d'une lettre à M. de Sorbier, contenant la vie de l'archevêque, avec des détails intéressants sur leurs travaux et sur Baluze lui-même. La reconnaissance de ce dernier s'y exprime en termes touchants ; il laisse parler son cœur et fait un retour attendri sur la rencontre de M. de Marca à Toulouse, sur les temps fortunés où il fut admis par ce prélat d'élite dans une maison si grande et une intimité si précieuse. Oh ! l'heureux jour, s'écrie-t-il, jour à jamais inoubliable !

Le succès de la publication de Baluze irrita fort un certain abbé Faget, parent et auteur d'une *Vie* de l'archevêque, qui s'était bercé de l'espoir de le supplanter dans la confiance de M. de Marca, si bien que l'abbé, dans son dépit, s'oublia jusqu'à nier que les manuscrits de son illustre parent fussent arrivés dans les mains de Baluze par des voies honnêtes. Cette assertion injurieuse donna lieu à une polémique, dans laquelle Etienne Baluze

---

(1) Il n'avait paru de ce traité, du vivant de Pierre de Marca, que les quatre premiers livres. La défense des libertés gallicanes qui y est contenue avait excité le mécontentement du Saint-Siège. L'auteur, pour s'y soustraire, suspendit sa publication, mais, avant de mourir, chargea Baluze de la compléter. L'édition de Baluze comprend deux tomes, en un vol. in-folio.

prit de haut son adversaire et le convainquit d'imposture. Il écrivit à ce sujet à l'évêque de Tulle :

« Je vous marquerai que lui ayant fait faire des reproches par un bon prêtre de Rouergue, de sa connaissance, appelé Guibert, de ce qu'au préjudice de la vérité qui lui est connue, il a avancé dans cette *Vie* [1] que j'avais supposé — lorsque j'avais publié — que feu Monseigneur l'Archevêque m'avait donné ses papiers en mourant et m'avait commis l'édition de ses ouvrages, il répondit qu'il lui importait pour sa réputation de faire voir que cela n'était pas ; parce que, dit-il, si cela demeurait constant, il s'ensuivrait que feu Monseigneur n'aurait pas eu bonne opinion de lui, et n'aurait pas cru qu'il fût capable de prendre soin de l'édition de ses œuvres. Ce qu'il a encore dit en termes généraux à une personne de grand mérite et de grande vertu que vous connaissez, — qui m'a fait l'honneur de me le dire. Voilà, Monseigneur, le beau principe sur lequel il a fondé sa calomnie et son imposture. »

Baluze ne fut pas moins sensible aux procédés de publication et aux libertés grandes dont usait l'abbé Faget vis-à-vis de M. de Marca, et qui avaient pour objet de mettre en compromis la probité et l'orthodoxie de l'éminent prélat ; il s'en expliqua au président de Marca, fils de l'archevêque, dans les termes qui suivent :

« Vous savez, Monsieur, que ses ennemis ont méchamment publié que, dans les affaires qui passaient par ses mains, il ne regardait pas tant la vérité et la justice que son intérêt et son ambition, ayant toujours tâché de s'agrandir de plus en plus dans l'Eglise, et que ces considérations ont été cause qu'il a souvent trahi la vérité pour flatter

---

(1) *Vie de M. de Marca*, par l'abbé Faget, imprimée en 1668.

la cour de Rome. Nous faisions notre devoir pour dissiper ces discours, et pour empêcher qu'ils ne fissent aucune impression dans l'esprit des personnes raisonnables. Mais M. de Faget, d'un seul coup de plume, a renversé, s'il en est cru, tout ce que les véritables serviteurs de feu Monseigneur l'Archevêque avaient pu établir pendant plusieurs années. » [1]

Les lettres que Baluze écrivit dans cette circonstance ont de la dignité et de la fermeté. Nous en avons cité quelques parties pour faire ressortir l'honneur qui lui en revient, pour montrer qu'il prenait, en serviteur loyal, autant de souci de la réputation de M. de Marca que de la sienne propre, et quel parti cet humaniste consommé, qui a presque toujours écrit en latin, savait tirer à l'occasion de la langue française, comme il l'a prouvé plus tard, magnifiquement, dans son *Histoire de la Maison d'Auvergne*.

Baluze sortit à son avantage et fort remarqué, de ce triste incident. Le succès des ouvrages de M. de Marca, édités par lui, ne fit que s'affermir et s'étendre. A partir de ce moment, l'attention du public savant ne se détourna plus de Baluze, et l'on peut dire que dès lors sa fortune d'écrivain fut faite.

Il publia plus tard le *Marca Hispanica*, ou la description des provinces d'Espagne limitrophes de la France, laissée inachevée par l'archevêque, et considérée comme sa composition capitale. La superbe préface, le IVe livre, les tables et le volumineux appendice qui l'accompagnent sont l'œuvre d'Etienne Baluze [2].

---

(1) Voir le *Dictionnaire historique de Bayle*, article de Marca, et les *Œuvres de Baluze cataloguées et décrites*, par René Fage.
(2) *Etienne Baluze*, par M. Deloche ; Paris, librairie Didron, 1856.

Mort de M. de Marca. — Baluze secrétaire de Mgr de la Motte-Houdancourt. — Il est nommé bibliothécaire de Colbert et professeur au Collège royal. — Ses travaux. — Ses rapports avec le ministre. — Ses publications diverses. — *Conciles de la Gaule Narbonnaise.* — *Nouvelle Collection des Conciles.* — *Miscellanées.* — Les *Capitulaires.* — Les *Vies des Papes d'Avignon.* — L'*Histoire généalogique de la Maison d'Auvergne.*

M. de Marca était mort à Paris le 29 juin 1662. Son fidèle collaborateur avait recouvré la liberté. Ce ne fut pas pour longtemps. Mgr de la Motte-Houdancourt, archevêque d'Auch, qui l'avait en estime, l'occupa en qualité de secrétaire pendant plusieurs années [1]. Des prélats de distinction qui avaient les yeux sur lui s'empressèrent, dès qu'il fut sorti de la maison la Motte-Houdancourt, de lui offrir des positions avantageuses. Baluze, soucieux de conserver son indépendance, les déclina respectueusement.

Les circonstances ne lui furent pas défavorables et le récompensèrent bientôt de ses mérites. Les cercles lettrés de Paris connaissaient sa valeur.

---

(1) Baluze est resté auprès de H. de la Motte-Houdancourt, archevêque d'Auch, de 1662 à 1667.

Colbert, esprit éclairé et libéral, en avait entendu parler avec éloge ; il songeait, à ce moment, à agrandir sa bibliothèque, à en faire comme une sorte de dépôt des richesses historiques et littéraires, éparses dans les archives et les abbayes du royaume. Il lui fallait, pour mener à bonne fin une telle entreprise, un homme de savoir et d'énergie. Ce fut sur Etienne Baluze que son choix s'arrêta. Le nouveau bibliothécaire de Colbert se consacra à cette tâche avec un dévouement absolu. Ses lettres, les témoignages de ses contemporains, nous ont appris quel soin de tous les instants il y apporta, et quelle passion intelligente, quelle profonde connaissance des livres. Les longs voyages, les embarras de démarches multipliées, les soucis d'une correspondance ininterrompue avec les savants de la France et de l'Europe ne lassèrent pas sa patience, ne refroidirent jamais son zèle. Il ne recula, pour l'accomplissement de sa tâche, ni devant les difficultés suscitées par de jaloux compétiteurs, ni devant les refus de détenteurs défiants, ni devant les calomnies et les mauvaises volontés de toutes sortes, qui trop souvent lui barraient le chemin.

On ne peut se faire une idée de la masse de manuscrits et de documents qu'il assembla, fit copier ou copia de sa propre main, à partir du jour où il eut la confiance de Colbert, des trésors que lui fournirent les archives de l'église de Narbonne et des comtes de Flandre, les carnets de Mazarin, la cassette de Fouquet, les manuscrits de Hautin, la bibliothèque de Ranchin. Sa collection particulière, dit M. Léon Pélissier [1], compre-

---

[1] *Encyclopédie moderne. Etienne Baluze,* par M. Léon Pélissier.

nait, avec environ onze cents ouvrages imprimés, neuf cent cinquante-sept manuscrits, plus de cinq cents chartes et sept armoires remplies de documents. Il fit en outre dépouiller, pour le cabinet de Colbert, les registres du Trésor des chartes et copier tous les actes utiles à l'histoire et à l'administration, de quoi remplir soixante-treize volumes. Nous lui devons la conservation des papiers les plus rares, de plus d'un manuscrit unique, le classement de la collection Doat, de la collection des archives de la chambre de Lille et de quelques autres non moins importantes. M. Pélissier, à qui nous empruntons ces détails, dit que le principal effort de Baluze porta sur les pièces originales.

Il est facile d'imaginer ce que devint, sous une telle direction, la bibliothèque de Colbert, et en quelle estime le grand ministre devait tenir un collaborateur de cette trempe, un bibliographe d'un savoir si étendu, un auxiliaire si dévoué de ses vues libérales pour tout ce qui touchait à l'honneur et à l'éclat des lettres. Il l'admit dans sa maison ; il le suivait dans ses travaux et l'encourageait dans ses recherches ; il se plaisait à le voir dans l'intimité de son cabinet. Combien de fois est-il allé le surprendre dans le vaste local de la rue Vivienne, où se trouvait sa bibliothèque !

Colbert s'occupait alors des Académies, des choses de l'esprit, de tout ce qui pouvait donner un éclat intellectuel au règne de Louis XIV, régularisait et favorisait les fondations qui devaient lui assurer un titre immortel, comme protecteur des lettres et des sciences.

Il est à présumer que ces beaux plans et ces vues généreuses n'étaient pas inconnus de Baluze ; que le ministre s'en ouvrait à lui et ne dédaignait pas de recourir à ses avis : il ne nous paraît pas téméraire de penser que l'homme d'Etat prenait plaisir à converser avec son aimable bibliothécaire et à se délasser dans la compagnie d'un homme aussi savant que modeste, aussi profond qu'agréable et gai. Toujours est-il que Baluze ne pouvait se rappeler sans émotion cette période de sa vie et ces entrevues mémorables. L'affection que lui avait vouée Colbert se manifestait par des attentions et des libéralités bien propres à toucher son cœur. Elle était devenue une affection de famille. Tous les membres de cette illustre maison lui portaient un égal intérêt. M. le marquis de Seignelay, fils du ministre, M. le marquis de Croissy son frère, M. de Torcy son neveu [1], lui continuèrent, après la mort de Colbert, leur bienveillance et leurs faveurs.

Trois ans après sa nomination de bibliothécaire, en 1670, il entrait dans le haut professorat et était appelé à enseigner le droit canonique au Collège royal, dans une chaire créée exprès pour lui. Il devenait, en 1707, directeur de ce grand Collège.

Baluze, quelque absorbé qu'il fût par les soins à donner à la bibliothèque de Colbert et par ses obligations de professeur, n'en poursuivait pas moins ses travaux personnels, ses études historiques. Il s'y adonnait avec d'autant plus de zèle que des ressources inattendues s'offraient à lui et

---

(1) J.-B. Colbert, marquis de Seignelay, fils aîné du grand Colbert, né en 1651, mort en 1690 ; secrétaire d'Etat pour la Marine ; ami des lettres comme son père. La IXᵉ épître de Boileau lui est dédiée.

Charles de Colbert, marquis de Croissy, frère du grand Colbert, né en 1625, mort en 1696, secrétaire d'Etat pour les Affaires étrangères, ministre d'Etat ; a fondé le dépôt des Affaires étrangères.

Jean-Baptiste Colbert, marquis de Torcy, né en 1665, mort en 1746 ; gendre d'Arnaud de Pomponne ; secrétaire d'Etat aux Affaires étrangères ; auteur de *Mémoires* renommés sur les négociations auxquelles il prit part, depuis le traité de Ryswick jusqu'à la paix d'Utrecht.

qu'il trouvait dans le cabinet confié à ses soins, comme dans les recherches auxquelles il se livrait pour l'enrichir, des éléments nouveaux d'information.

Ses publications, ses éditions d'auteurs anciens, se multipliaient. Il édita, annota, commenta plus de cent traités et dissertations. Ses préfaces avaient une ampleur de volumes ; ses notes, disposées et développées avec une abondance et une variété prodigieuses, formaient des traités complets, autant de recueils d'une étonnante richesse d'érudition. Baluze, à ce moment, avait atteint l'apogée de son talent et se déployait, à l'égal des premiers écrivains, dans la plénitude de sa force d'intelligence et de travail.

Ses œuvres maîtresses qui parurent successivement, de 1668 à 1708, mirent le sceau à sa réputation. Sa collection inachevée des *Conciles de la Gaule Narbonnaise*; sa *Nouvelle Collection des Conciles*, qui complète celle des PP. Labbe et Cossart [1] ; ses *Miscellanées*, [2] qui forment un répertoire de pièces et de documents d'un haut prix pour l'histoire et la biographie des diocèses et principales villes de France, de Suisse, d'Allemagne, d'Italie, furent accueillies avec la plus grande faveur. Un critique de l'époque, le judicieux Bayle, rend hommage à l'auteur en ces termes : « M. Baluze ne pouvait mieux employer les grandes lumières qu'il a acquises, soit sous le célèbre M. de Marca, soit depuis qu'il a eu la direction de la bibliothèque de M. de Colbert, qu'en travaillant,

---

(1) *Concilia Galliæ Narbonensis*, 1 vol. in-8°, 1668 ; *Nova Collectio Conciliorum*, 1 vol. in-f°, 1683.
(2) *Miscellanea*, 7 vol. in-8°, parus de 1678 à 1715, et réimprimés à Lucques avec additions par J.-D. Mansi, le prélat érudit dont il est fait ci-dessus mention.

comme il a dessein de faire, à une nouvelle collection des Conciles. Ses *Miscellanées*, dont il a déjà donné quatre volumes au public et plusieurs autres ouvrages qu'il a publiés, font voir qu'il y a peu de gens au monde qui se connaissent mieux que lui en manuscrits et en histoire ecclésiastique. Mais il y a lieu de croire que le grand dessein qu'il a commencé surpassera la gloire de tous ses travaux précédents, et non seulement cela, mais aussi la gloire que le P. Cossart et le P. Labbe, deux Jésuites fort illustres, ont méritée par leur belle collection des Conciles. Elle surpasse infiniment toutes les collections précédentes. »

Le livre si important des *Capitulaires* [1] parut en 1677. Il contient les ordonnances, constitutions, lois et décrets promulgués sous les rois Francs des deux premières races et est dédié à Colbert. La préface en expose l'histoire. C'est grâce aux investigations de Baluze, aux manuscrits inédits qu'il mit au jour, à un énorme travail de coordination, d'annotations et de dissertations appuyées sur la critique la plus sûre, que son édition des *Capitulaires* obtint les suffrages des connaisseurs, et qu'il est devenu possible de se faire une idée exacte des actes qui constituèrent le gouvernement des rois des premiers siècles de la monarchie. M. Guizot qui a étudié à fond les *Capitulaires* les a divisés en huit parties, où se trouve retracé principalement l'état de la France au temps de Charlemagne, et que M. Vapereau, dans le *Dictionnaire universel des littératures*, définit de la manière suivante : *Législation morale*, qui n'est, à proprement parler, qu'une suite de conseils et de principes

---

(1) *Capitularia regum Francorum*, 2 vol. in-f°, parus en 1677, et réédités avec des additions, par Pierre de Chiniac, en 1780.

moraux ; *Législation* politique, comprenant 293 articles qui règlent les relations du peuple avec le pouvoir ; *Législation pénale*, qui n'est qu'un extrait des anciennes lois salique, ripuaire, lombarde, etc. ; *Législation civile*, où il est question des réglements relatifs à la famille ; *Législation religieuse*, dont les dispositions concernent le clergé, les fidèles, le peuple chrétien et ses rapports avec les clercs ; *Législation canonique*, qui occupe la grande place dans les *Capitulaires*, et dont les articles ont trait aux assemblées générales, aux conciles et à l'aristocratie épiscopale ; *Législation domestique*, où le monarque s'occupe de l'administration de ses biens et de ses métairies ; enfin, *Législation de circonstance*, en douze articles.

C'est en 1693 que furent publiées les *Vies des papes d'Avignon*, *Vitæ Paparum Avenionensium*[1]. Cet ouvrage, dédié à Louis XIV, est considéré comme une des compositions les plus complètes de Baluze, et peut-être la plus parfaite. Originaire du Bas-Limousin, comme les papes Clément VI, Grégoire XI, Innocent VI, il eut la satisfaction de pouvoir recueillir dans son pays natal des documents qui lui permirent de donner sur les Papes, les Cardinaux et les membres des premières familles limousines, des renseignements d'un haut intérêt. Ces pièces originales, jointes à celles que lui avaient fournies la bibliothèque de Colbert, la Bibliothèque royale, celle de la Sorbonne, les archives de l'église Saint-Victour et du Vatican,

---

(1) *Vitæ Paparum Avenionensium*. Paris, 1693, 2 vol. in-4°, ouvrage mis à l'index à Rome, pour les opinions gallicanes qui y étaient professées.

Les *Œuvres de Baluze*, par René Fage, donnent la nomenclature des documents qui intéressent le Limousin.

communiquent un prix inestimable aux Vies des Souverains Pontifes avignonnais et en font, d'après les meilleurs juges, un chef-d'œuvre d'érudition.

On peut dire qu'Etienne Baluze, à cette date, après la publication de ces beaux ouvrages, possédait tout ce qui peut justement flatter un homme et l'élever au-dessus des autres : considération, honneurs, grandes amitiés, succès, fortune. Il semblait avoir touché au terme de son ambition d'écrivain et n'avoir plus rien à souhaiter qu'un repos honoré dans un travail exempt de soucis. Jamais, pourtant, Baluze n'avait été aussi près de sa perte. Ce fut un de ses livres les plus remarquables, celui peut-être qu'il avait le plus travaillé et le mieux soigné, ce fut ce livre, écrit en français, classé au rang des modèles du genre, dont il devait espérer un accroissement de richesse et de renommée, l'*Histoire généalogique de la maison d'Auvergne* [1], qui causa son malheur et le précipita dans la ruine.

Baluze avait été porté à écrire l'histoire de cette maison, dans laquelle s'était fondue celle des vicomtes de Turenne, « par l'amour, dit-il, et l'inclination qu'on a naturellement pour sa patrie, le château de Turenne n'étant éloigné de la ville de Tulle, d'où je suis natif, que de quatre ou cinq lieues. » Il convient d'ajouter que le respectueux attachement qui l'unissait à un descendant de cette famille n'y fut pas étranger, et que le cardinal de Bouillon usait de tout son crédit pour l'y pous-

---

(1) *Histoire généalogique de la Maison d'Auvergne*, justifiée par chartes, titres, histoires anciennes et autres preuves authentiques ; 2 vol. in-8°, 1708.

ser. « Je ne pus me refuser, dit-il ailleurs, aux instances de cet excellent prince, qui m'avait rendu beaucoup de bons services. »

Ce prince, protecteur de Baluze, Emmanuel Théodose de La Tour-d'Auvergne, plus connu sous le nom de cardinal de Bouillon, était homme d'orgueil et d'entreprises, ambitieux, habile et envahissant, plein de talents et de ressources, frondeur comme son ami le cardinal de Retz. Il appartenait à une famille dont les seigneurs, anciens possesseurs du comté d'Auvergne, en portaient le titre et y avaient ajouté, au xvi<sup>e</sup> siècle, ceux de ducs de Bouillon et de princes de Sedan, comme subrogés aux droits de Charlotte de La Marck, veuve de Henri de La Tour-d'Auvergne, vicomte de Turenne. Ses prérogatives de prince étranger, indépendant du roi, qu'il devait au fait de sa naissance d'une maison souveraine dans le petit Etat de Sedan, lui étaient particulièrement chères, et lui tenaient d'autant plus à cœur qu'elles avaient amassé contre lui de violentes jalousies et de redoutables ombrages.

Les prétentions nouvelles qu'affichait le prince n'étaient pas faites pour désarmer ses ennemis. Ses recherches et celles de Baluze avaient mis entre leurs mains des documents qui, assignant à la maison de La Tour-d'Auvergne une origine bien plus reculée et des plus fameuses, la faisaient descendre de mâle en mâle des anciens comtes d'Auvergne, cadets des ducs de Guyenne. Le cardinal, dont les vues de grandeur trouvaient leur compte dans la publication d'une telle généalogie, qui établissait sa souveraineté sur des bases si anciennes, se montrait extrêmement flatté de l'entreprise de Baluze, l'y encourageait par tous les moyens, et s'intéressait vivement à l'exécution d'un dessein qui devait tourner à la gloire de sa maison. L'ouvrage parut en 1709. Il fut recherché et fit grand bruit, sans toutefois que le retentissement s'en répandît tout d'abord en dehors du monde savant. Le parti hostile aux Bouillon avait là une trop belle occasion de faire du scandale pour la laisser échapper ; il ne tarda pas à s'en emparer et exaspéra si bien les choses qu'elles prirent tout d'un coup une tournure menaçante.

L'attention du roi, qui était fort éveillée du côté des visées du cardinal, fut appelée, à l'occasion de cette publication, sur un cartulaire de Brioude, dont quelques feuillets détachés avaient, disait-on, servi de fondement à l'ouvrage. Or, il se trouvait que ces documents, suspectés de faux, constituaient, d'après la rumeur publique, un des chefs d'accusation qui avaient motivé des poursuites contre un faussaire de profession, nommé de Bar, et que le fourbe, déclaré coupable, avait été condamné par un arrêt de l'Arsenal, en date du 11 juillet 1704.

Cette affaire de Bar eut pour Baluze les pires conséquences, fut précédée et accompagnée d'une foule d'incidents, où le cardinal de Bouillon était surtout visé, mais qui eurent pour effet de lier fatalement le sort de l'historien à celui du prince. Ils intéressent de trop près la mémoire d'Étienne Baluze pour être passés sous silence. Quelques détails au sujet du faussaire et de son procès, de sa condamnation qu'on laissa suspendue durant près de six ans, comme une épée de Damoclès, sur la tête du cardinal, et qui finalement entraîna les malheurs de Baluze, ne seront pas inutiles pour l'intelligence de ce qui va suivre. On nous pardonnera des longueurs et des retours inévitables sur les points essentiels, en un sujet si compliqué, envenimé par la passion, traversé de dramatiques aventures, qui a donné lieu à des controverses non encore apaisées, comme on le verra plus loin, et dans l'examen desquelles il est

impossible de ne pas entrer, si l'on veut connaître,
— dans les phases par où il a passé, et sous les
différents aspects où il 'a été envisagé, — pour s'en
faire une opinion, le cas de Baluze.

Nous reviendrons ensuite au bon Tulliste, à
l'inoubliable historien de sa ville natale, à son
immense talent, à son charmant esprit, et nous lui
reviendrons, après que nous aurons vu ses peines,
avec plus d'admiration encore pour le savant, plus
de sympathie pour l'homme.

## IV

Affaire de Bar. — Les faussaires de Paris. — Cartulaire de
Brioude. — Entrée en scène des ennemis de MM. de Bouillon.
— Lettre de 1688. — Correspondance entre le cardinal et
Baluze. — Baluze suspecté de complicité de faux. — Opinion
du roi. — Accalmie momentanée. — Le cardinal dans l'af-
faire du quiétisme. — Condamnation du sieur de Bar. —
Publication de l'*Histoire de la Maison d'Auvergne*. — Fuite
du cardinal de Bouillon. — Le livre de Baluze déféré au
Conseil d'Etat. — Disgrâce et exil. — Mesures prises contre
le cardinal.

C'est ce personnage, Jean-Pierre de Bar, qui
avait fait présent au cardinal de six feuillets détachés du cartulaire de Brioude et contenant la
preuve de la souveraineté de la maison de Bouillon.
D'autres titres, sans doute, concouraient au même
but, mais celui-là paraissait avoir une valeur prépondérante.

Le sieur de Bar avait été au service, comme
secrétaire, d'un généalogiste nommé du Bouchet [1]
qui avait, à l'époque, du renom. Il passait pour
fort entendu dans les anciennes écritures, et a

---

(1) Bouchet (Jean du), historien et généalogiste, mort en 1684,
auteur d'une Histoire généalogique de la maison de Courtenay ; de
Tables généalogiques des comtes d'Auvergne et des comtes de la
Marche ; d'une table généalogique de la maison de Scoraille.

suite prouva qu'il était très habile à les contrefaire.
Cette sorte de talent rapportait beaucoup d'argent.
Il n'y avait pas de pauvre diable qui ne rêvât du
parchemin, pas de bourgeois qui n'aspirât à être
noble, pas de noble qui ne cherchât à monter de
quelques crans dans la hiérarchie nobiliaire. Tant
de privilèges étaient inhérents à la noblesse, entre
autres l'exemption de l'impôt, que chacun s'éver-
tuait à s'y rattacher de façon ou d'autre. Nombre
de gens faisaient métier d'en procurer les moyens
aux envieux. On en était venu à tenir, dans Paris,
boutique de faux dans tous les genres. Les faux
nobiliaires et autres étaient marchandise courante.
Le scandale grossissait à vue d'œil, était énorme.
On fut obligé de s'arrêter au parti, pour enrayer
de telles pratiques, d'instituer une chambre de justice à l'Arsenal, rien que pour juger les crimes de
fausseté. Des mesures sévères furent prises, des
poursuites ordonnées. Les chevaliers du guet
firent plusieurs chasses fructueuses, sur les ordres
qui leur en furent donnés, vers le milieu de l'année 1700, et écrouèrent à la Bastille toute une jolie
bande, sous l'inculpation de fabrication de faux.
Le sieur de Bar [1] était du nombre des embas-
tillés.

La procédure fut instruite par la commission
siégeant à l'Arsenal et présidée par M. de la
Réynie [2]. Les uns furent condamnés, d'autres
innocentés ; la cause de quelques autres fut ren-
voyée pour plus ample informé.

---

(1) Le savant annotateur des *Archives de la Bastille*, dont il est
plus bas fait mention, rapporte que le sieur de Bar, au moment de
son arrestation, fut surpris recevant vingt-cinq louis d'un paysan
taillable et corvéable, à qui, dans un contrat, il avait conféré la
qualité d'écuyer.
(2) De la Réynie, né à Limoges en 1625, mort en 1709 ; successivement président du présidial de Bordeaux, maître des requêtes au
Conseil d'Etat, lieutenant-général de police à Paris.

Le sieur de Bar trouva moyen, pour ce qui le concernait, de traîner l'affaire en longueur, si bien que son procès, entré en instruction au mois d'août 1700, ne reçut jugement qu'en 1704.

On prétendait qu'il avait imaginé de dire, dans l'espoir de faire une déclaration agréable en haut lieu, que les six feuillets par lui livrés au cardinal avaient été fabriqués par le faux duc d'Epernon [1], et qu'il n'avait fait autre chose que de les écrire et imiter de l'antique. D'autre part, on racontait que le sieur de Bar, dans son interrogatoire, s'était borné à déclarer que les dits feuillets sortaient du cabinet du sieur du Bouchet, où il les avait trouvés.

La question du cartulaire de Brioude revenait ainsi sur l'eau, à un moment où les esprits se préoccupaient des poursuites dirigées contre les maîtres faussaires de Paris. Ce n'était pas, à vrai dire, une question nouvelle. Ces pièces de Brioude avaient déjà donné lieu à de chaudes polémiques. Le cardinal, dès qu'il avait été mis en possession des titres, n'en avait fait aucun mystère. On en connaissait l'existence dans ses mains, et l'on savait l'usage qu'il se proposait d'en faire. Prévoyant le parti que ses ennemis s'ingénieraient à en tirer, il avait pris les devants et déféré, avant de les utiliser, la vérification des chartes qu'il tenait du sieur de Bar, à trois experts des plus considérables du temps, Etienne Baluze, dom Mabillon et Ruinard Thierry [2]. Ces grands érudits étaient tombés d'ac-

---

(1) Un sieur Rouillac, qui se prétendait héritier des ducs d'Epernon, et dont les titres ne furent jamais reconnus.

(2) Mabillon (dom Jean) né le 23 novembre 1632, mort le 27 décembre 1707, religieux de la congrégation des Bénédictins de Saint-Maur, célèbre par sa science et ses vertus; fondateur de la diplomatique et auteur de plusieurs ouvrages d'une érudition achevée.

Ruinard Thierry (dom), bénédictin comme Mabillon, son collabo-

cord pour en proclamer l'authenticité. Le cardinal ne s'en tint pas là et ordonna que les dites pièces resteraient déposées dans une des salles de l'abbaye de Saint-Germain-des-Prés, à la libre disposition des curieux et des critiques.

Ses ennemis profitèrent naturellement des facilités qui leur étaient offertes, et quelques-uns ne manquèrent pas de puiser, dans l'examen qu'ils firent de ces titres, ample matière pour contredire les experts du cardinal. Ils relevèrent notamment la rognure des marges intérieures des feuillets qui semblaient avoir été découpés dans un volume relié, la frauduleuse apparence de vétusté du parchemin, la couleur de l'encre et la forme de la ponctuation qui n'étaient pas, dans leur appréciation, celles du temps auquel les feuillets se référaient. Ils signalèrent l'invraisemblance des chartes et titres qui y étaient mentionnés. Leurs conclusions, qui en dénonçaient la fausseté, furent portées à la connaissance du public. Il s'en suivit de part et d'autre de vives controverses.

Baluze, dans sa lettre de 1688, en réponse aux écrits qui couraient dans Paris, s'attacha à réfuter point par point les objections présentées, et laissa échapper au cours de sa discussion ce cri honnête : « Je puis vous protester que je n'ai point eu d'autre vue que de chercher la vérité. Je n'ai pu voir sans indignation qu'on attaquât avec tant de violence et d'injustice que l'on a fait des titres très anciens et très véritables. Nous les avions jugés tels, dom Mabillon, dom Thierry Ruinard et moi. J'ose vous dire, Monsieur, que jusques à présent nous avons joui d'une réputation saine et entière d'être

---

rateur ; né en 1657, mort en 1709 ; auteur d'une *Vie* de Mabillon et du pape Urbain II, de plusieurs éditions renommées qui lui ont valu d'être classé au premier rang des savants religieux de Saint-Maur.

sincères et gens d'honneur, et que le public croit que nous sommes capables de porter notre jugement sur des choses de cette nature... »

Les experts appelés à donner leur avis sur les pièces critiquées, avaient statué au vu d'un grand cartulaire encore existant, retiré à cet effet des archives de l'église de Brioude, d'autres pièces représentées, notamment du grand obituaire de ladite église, et avaient dressé, le 23 juillet 1695, un procès-verbal de vérification, constatant la concordance qui existait entre les feuillets suspects et les divers documents soumis à leur examen.

Les polémiques engagées à ce sujet n'en continuèrent pas moins. Il est facile de comprendre dans quelle anxiété un pareil acharnement de critique, des soupçons de faux si habilement et si persévéramment propagés, jetaient le prince de Bouillon et Baluze.

A la date du 24 juillet 1696, le cardinal mande à Baluze qu'il a prié les Pères Mabillon et Thierry de prendre jour avec lui et M. d'Hozier [1] pour continuer leurs investigations et collationner le petit cartulaire de Brioude avec son original, ainsi qu'avait été collationnée la copie du grand cartulaire. Il fut fait sept copies du petit cartulaire, pour être déposées dans les archives publiques. M. d'Hozier ne prit pas part à l'opération.

Le prince cardinal était pour lors à l'étranger. Il suivait d'un œil attentif les phases d'une affaire qui le touchait de si près, et tenait à être mis au courant des incidents qui pouvaient se produire. Une correspondance serrée s'était engagée entre le

---

[1] D'Hozier (Ch.-René), sieur de la Garde (1640-1712), fils du fondateur de la science généalogique, son successeur dans la charge de juge d'armes, et généalogiste du roi.

cardinal et son historien. Nombre de lettres de cette correspondance ont été conservées, font partie des Armoires de Baluze. Les *Archives de la Bastille* les ont publiées [1]. Il est utile d'en connaître, au moins sommairement, et par extraits, la teneur, pour apprécier le caractère des intentions qui les ont dictées et les faits qui doivent survenir.

Il y est question de la lettre de 1688, des réponses qu'elle a suscitées, des interprétations malveillantes qui ont cours, des machinations tramées par certains personnages qui s'en vont dans les bibliothèques chercher des mémoires contre la maison de La Tour.

Le cardinal en écrit son sentiment à Baluze, le 9 juillet 1697 :

Comme dans les premiers temps l'envie l'emporte toujours sur la vérité, ainsi, quoique je fasse imprimer, on n'imposera pas silence à ceux qui disent sans aucun fondement que ces titres sont faux ; mais, pour moi, je crois qu'il ne peut être que très avantageux, quand vous aurez eu la liberté de mettre tou[t] en ordre et que vous aurez mis la première main à votre écrit' de le faire imprimer. Rien ne presse.

Baluze le tient au courant des impressions qu'il recueille dans les milieux où il fréquente, des dispositions qu'il y rencontre, des injures comminatoires dont il est l'objet :

21 avril 1698. — Nous commençons à apprendre quelque chose des discours qu'on tient au sujet de ma lettre. Bien des gens estiment que les preuves sont concluantes, et M. l'abbé Chastelain (2) que j'avais écrit à V. A. être dans une disposition

---

(1) *Archives de la Bastille*, documents inédits, recueillis et publiés par François Ravaisson. Voir tome X, pp. 288-308.

(2) Chastelain (Claude), érudit, s'occupant de matières liturgiques, chanoine de Paris, mort en 1712. Il a laissé, entre autres ouvrages, les deux premiers mois du *Martyrologe romain*, traduit en français, le *Martyrologe universel*, in-4°, Paris, 1709.

désavantageuse à l'égard des titres que je défends m'a avoué qu'il les trouvait très fortes. D'autres qui se disent de mes amis me blâment d'avoir paru si à découvert, et m'ont prédit que j'en aurais du chagrin. Aussi l'auteur du libelle dont je vais parler à V. A. fonde-t-il la menace qu'il m'a faite sur la hardiesse que j'ai eue de mettre mon nom à cet ouvrage. D'autres qui se disent de mes amis disent qu'il faut que MM. de Bouillon m'aient fait quelque présent considérable pour m'obliger à prendre leur parti avec tant de vigueur et de chaleur.

Dans les premiers jours de mai de la même année, il va faire visite à M. le président Achille de Harlay [1], qu'il n'a pas vu depuis trois mois. La réception est des plus courtoises, empreinte de marques d'estime. La conversation étant naturellement tombée sur la question de La Tour d'Auvergne, M. de Harlay n'hésite pas à dire que s'il était appelé à fournir son avis sur les anciens titres, « il ne ferait pas de difficulté de déclarer qu'il les croyait bons, et qu'il en pouvait d'autant mieux dire son sentiment, qu'il lui avait passé par les mains une quantité d'anciens titres et manuscrits. Il m'a dit ensuite qu'il estimait que ma lettre n'était qu'un essai d'un plus grand ouvrage, et qu'il présumait facilement que je travaillerais à votre généalogie. Je ne fis pas de difficulté de lui dire qu'il m'avait paru que je ferais plaisir à V. A. d'entreprendre ce travail. Pour conclusion, il me dit qu'on ne pouvait pas disputer à MM. de Bouillon qu'ils ne fussent de bonne maison, et que leur origine était grande et illustre, et il m'a paru être à cet égard en telle disposition que vous et les vôtres le pourriez souhaiter [2] ».

---

(1) Achille de Harlay, comte de Beaumont, premier président né le 1<sup>er</sup> août 1639, mort le 23 juillet 1712, célèbre par son esprit et ses mots piquants, réunis sous le titre de *Harlœana* ; petit-neveu du magistrat Achille de Harlay, que ses talents, sa sagesse et sa fermeté, lors des troubles de la Ligue, ont rendu fameux dans l'histoire.

(2) Lettre du 5 mai 1698.

Une des attaques les plus perfides du libelle imprimé en réponse aux écrits de Baluze, et qui devait le plus toucher le roi allait jusqu'à prétendre que l'historiographe de MM. de Bouillon, dans son zèle pour ses maîtres, n'avait pas craint de ranger leur maison sur le même pied que celle de Savoie [1].

Le cardinal relève vivement l'impertinence du critique et dit qu'il n'y a rien à répondre à de telles divagations :

Rome, 13 mai 1698. — Mon sentiment est qu'il ne faut rien répondre à ce critique, qui fait paraître encore plus d'extravagance que de malignité, lorsque, sur la nature des preuves que vous apportez pour établir l'authenticité de la maison de La Tour, il dit que vous les trouvez si authentiques que vous n'exceptiez pas même la maison de France de n'en avoir pas de plus démonstratives, comme s'il vous était jamais tombé dans la pensée, ni de quelque autre au monde, qu'on pût faire aucune comparaison sur l'antiquité et les preuves de la descente de nos rois avec l'antiquité et les preuves de notre généalogie, car ce serait proprement là ce qu'on appelle une comparaison de maître à valet. Nous mettons toute notre gloire à avoir toujours été vassaux et sujets de la maison royale [2]. En un mot, il y a une telle distance entre la maison royale et quelqu'autre maison qui soit au monde, et la folie de les comparer ensemble est si grande, que ce serait manquer de respect que d'assurer le public qu'on a toujours reconnu une telle distance et une telle disproportion sur la nature même et l'évidence des preuves.

Tous ceux qui ne seront pas aveuglés par l'envie, verront encore que, lorsque vous avez nommé la royale maison de Savoie, vous n'avez prétendu faire aucune comparaison, et que

---

(1) La maison de Savoie passe pour la plus ancienne des maisons régnantes d'Europe. Un fils de cette maison, Amédée I, avait épousé Christine de France, fille de Henri IV et de Marie de Médicis, sœur de Louis XIII.

(2) Oui, mais vassaux et sujets *volontaires*. On verra plus loin que les Bouillon n'ont jamais voulu s'engager autrement.

vous avez seulement suivi l'exemple de tous les généalogistes qui, en faisant l'histoire de la descente des grandes maisons, de celles même qui sont fort au-dessous de la nôtre, et qui n'ont point une origine souveraine, ont tous fait voir que les preuves des plus grandes maisons souveraines de l'Europe se tirent aussi des cartulaires des anciens monastères, ce qui étant certain, je suis persuadé que l'espèce de menace que vous fait ce critique ne vient que de sa mauvaise volonté contre notre maison et contre vous, par rapport à ce que vous en avez imprimé par un pur amour de la vérité qui vous a été connue.

Voilà certes une belle lettre, d'un net accent et qui, par sa nature confidentielle, ne devant pas passer sous les yeux de Louis XIV, montre combien les vues du cardinal, en cette matière délicate, différaient de celles qu'on lui prêtait, et sur la foi desquelles le roi était si vivement entré dans un procès où il n'aurait eu que faire, s'il ne s'était pas cru directement en cause.

Mais les ennemis de MM. de Bouillon, et par suite de l'écrivain qui avait pris à tâche d'établir leur ancienneté, ne reculaient devant aucune énormité, imaginaient expédients sur expédients pour pousser les choses au pire. Les voilà maintenant qui mettent en jeu, plus cruellement que jamais, l'honneur de Baluze, et l'accusent d'avoir subrepticement introduit des pièces fausses au Trésor des chartes, dans l'intention de les utiliser au profit des Bouillon. Il a instruit aussitôt le cardinal de cette invention nouvelle, et il y revient en ces termes, le 21 juillet 1698 :

La dernière lettre que j'ai eu l'honneur de vous écrire aura pleinement instruit V. A. jusqu'à quel point peut aller la malignité, puisqu'on veut faire soupçonner que moi, qui ai toujours passé pour homme d'honneur, dont la sincérité, la candeur et la bonne foi ont été louées par les écrivains de toutes les nations de l'Europe, ai fourré au Trésor des chartes des titres faux et supposés pour favoriser les justes prétentions que vous avez d'être issus d'une très illustre et très ancienne famille ;

mais, outre que les actes que j'ai allégués sont encore au Trésor des chartes, où chacun les peut voir et examiner, il en est fait mention dans l'inventaire que M. P. Dupuy a fait des titres transportés de Mercurol à Paris ; à quoi j'ajoute que M. le Procureur général, quoiqu'il m'ait toujours traité avec beaucoup d'honnêteté et de courtoisie, ne m'a jamais voulu donner l'entrée dans ce Trésor, m'ayant même dit, en me la refusant, que ce lui serait une excuse légitime envers ceux qui lui pourraient demander la même faveur, de leur dire qu'il me l'avait refusée.

Baluze estime que le meilleur moyen de couper court à ces calomnies est d'imprimer l'*Histoire généalogique de la maison d'Auvergne* avec preuves ; il y engage le cardinal :

On n'allèguera que de bonnes preuves tirées des historiens imprimés ou manuscrits, du Trésor des chartes du roi, de l'archif... (*sic*) royal de Pau, de celui de Rhodes, de ceux de Turenne, de Jose et d'Oulliergues. Tout cela est bon. L'envie ne peut pas mordre. On peut bien crier contre, mais avec le même succès qu'ont les aboiements des chiens contre la lune. Quoique je n'aie pas perdu de vue ce dessein, je m'en vais néanmoins m'y appliquer entièrement ; vous aurez du plaisir de voir dans cette histoire beaucoup de belles choses dont V. A. n'a point de connaissances, ses grandes occupations ne pouvant pas lui permettre d'entrer dans tout ce détail. Les originaux des titres sont sujets à une foule d'accidents, auxquels on remédie par le moyen de l'impression. La matière est belle, il la faut étaler.

Le cardinal approuve les desseins de son correspondant et lui répond de Rome le 28 septembre 1698 :

J'ai reçu votre lettre qui me confirme dans la pensée qu'il y a bien de l'envie contre ma maison ; mais il vaut mieux faire envie que pitié, et par votre moyen, la vérité triomphera par les découvertes faites tant à Brioude et autres endroits de la province d'Auvergne, que dans le Trésor des chartes de la Sainte-Chapelle, sous la garde de M. le Procureur général, qui

est trop honnête homme pour ne pas rendre en toutes occasions
les témoignages à la vérité, touchant les titres qui y sont ren-
fermés en originaux, qui prouvent comme 2 et 2 font 4, que
nous sommes de la maison et petits-neveux de Guillaume,
prévôt de Brioude, du temps de saint Louis, et duquel ce saint
roi disait qu'il descendait des ducs d'Aquitaine et comtes
d'Auvergne ; et que les princes dauphins du Viennois, du nom
de La Tour, étaient une branche de notre maison.

Les soupçons élevés contre Baluze, au sujet
des titres faux qu'il aurait fourrés au Trésor des
chartes, ont fait du chemin dans l'intervalle, sont
montés jusqu'au roi. Ses agissements sont pré-
sentés sous un autre aspect. On ne dit plus, pour
le quart d'heure, que Baluze ait abusé d'un permis
d'introduction, mais qu'il a pénétré au Trésor,
sans permis, grâce à la connivence du secrétaire
préposé à la garde des archives, qui est de ses
amis. Il a eu à ce sujet une conférence avec M. le
Procureur général qui l'a entretenu d'une dépêche
de M. de Pontchartrain [1] portant, dit Baluze, « qu'il
était certain que j'étais entré au Trésor par la
facilité de son secrétaire, avec lequel j'avais une si
étroite liaison que depuis peu j'avais tenu sur les
fonts de baptême un de ses enfants, et que sa
femme était venue passer chez moi les vacations,
ce qui est vrai, de sorte que le roi sait que j'ai été
parrain d'un enfant de M. d'Origny, chose fort
importante à savoir pour le bien de l'Etat. »

On a fait de cela un mémoire au roi qui se montre fort irrité. Baluze en éprouve du chagrin, mais
l'outrage qui lui est personnel le préoccupe moins
que l'injure faite à M. d'Origny. Ce qui le peine,
c'est de voir son ami soupçonné, englobé dans la

---

[1] Pontchartrain (Philippeaux-Louis, comte de), né à Blois en
1643, mort en 1712 ; successivement conseiller au Parlement de
Paris ; premier président au Parlement de Bretagne ; contrôleur
général et ministre de la marine ; chancelier.

querelle, menacé de perdre sa place. Il appelle sur ce malheureux père de famille l'intérêt du cardinal. Pour ce qui est du Trésor, il affirme n'y avoir pas mis les pieds, et n'avoir jamais eu communication de pièces que d'une façon régulière :

Vous voyez jusqu'où va la malignité, écrit-il au cardinal le 17 novembre 1698, puisqu'elle va jusqu'à rechercher ma vie et mes actions particulières. C'est un grand bonheur pour moi de ce que, jusqu'à présent, j'ai vécu sans reproche ; mais la malignité de ceux qui ont donné ce mémoire au roi va plus loin ; ils ont prétendu donner en cela une preuve de l'infidélité de M. d'Origny envers M. le Procureur général, auquel j'ai dit que cela était aisé à détruire, que je n'avais demandé aucune pièce du Trésor que sur l'inventaire de M. Dupuy (1), et où ces pièces se trouvaient sous les mêmes cotes qu'on les a trouvées au Trésor, et qu'ainsi on ne pouvait pas les accuser de faux, puisqu'elles étaient mentionnées dans l'inventaire. Nous avons été longtemps là-dessus, mais enfin il m'a paru satisfait de mes réponses et m'a néanmoins prié de lui prêter l'inventaire de Mercurol, afin qu'après avoir comparé les articles de cet inventaire avec celui qu'il a retenu des pièces qu'il nous a délivrées, il puisse assurer le roi qu'il n'y a eu aucune malversation.

Le Procureur général ne peut s'expliquer ce qui se passe à la Cour que par l'intervention de quelque personne influente et ennemie, « car, me disait-il, il faut que ce soit quelque personne puissante, puisque cela va jusqu'au roi, et il faudrait tâcher de la découvrir; il me proposa même MM. de Lorraine et quelques autres de ce rang. Je lui ai toujours répondu que je ne connaissais personne, sur qui je puisse jeter mes yeux; car, comment connaîtrais-je la Cour, moi qui n'y vais jamais. »

---

(1) Dupuy (Pierre), né en 1592, mort en 1651, conseiller au Parlement et garde de la bibliothèque du roi, s'occupa de lettres et s'appliqua à l'inventaire du Trésor des chartes.

Il me dit que la première fois que le roi lui fit écrire sur
ce sujet, il fut ensuite trouver S. M. et l'assura que je
n'étais pas entré au Trésor, et que, lorsqu'il m'avait commu-
niqué des titres, ç'avait été en conséquence de lettres de
cachet. Il m'ajouta que le roi lui ordonna d'être à l'avenir
encore plus rigoureux dans cette pratique, et lui dit qu'à l'avenir il ne serait plus si facile à donner des lettres de cachet pour
faire communiquer les chartes du Trésor.

Baluze reçoit, peu de jours après, la visite de
M. des Granges, premier commis pour la secré-
tairerie d'Etat, qui vient lui parler de l'affaire, et,
à la suite de cette entrevue, il se rend en personne
auprès du ministre. M. de Pontchartrain lui révèle
tout aussitôt un état d'esprit du maître de plus en
plus menaçant, et lui déclare qu'on avait assuré le
roi qu'il était en commerce de fournir des titres
faux à ceux qui en avaient besoin et qu'étant attaché au point qu'il l'était à la maison de Bouillon,
il n'y avait pas lieu de douter qu'il ne fît tout ce
qu'il pourrait pour leur être agréable.

Baluze, atterré par une telle accusation, désolé
de la tournure que prennent décidément les choses,
écrit au cardinal le 24 novembre 1698 :

Je vous avoue que lorsque je fis imprimer ma lettre pour la
défense de votre Généalogie, je ne prévis pas le chagrin que
cette conjoncture me donne. Aussi, ne pouvais-je pas le prévoir.
Il est sans doute bien désagréable pour moi, qui ai toujours
passé jusqu'à présent pour homme d'honneur et sincère, qui
étais, ainsi que je le sais, en bonne opinion dans l'esprit du roi,
que j'y sois aujourd'hui dépeint comme un fripon et comme un
faussaire. Je sais que cela n'est pas tant fait contre moi que
contre votre maison, ainsi que M. le Procureur général même
s'est expliqué à moi ; mais vos ennemis, en répandant leur
venin contre la maison de Bouillon, le versent aussi abondam-
ment sur moi.

M. le Procureur général revient sur son idée
d'une ingérence dans l'affaire de personnages

influents; « il me répéta que vous aviez des ennemis puissants et accrédités, puisqu'ils avaient le crédit d'engager si fortement le roi dans leur parti. Il me pressa encore de lui dire sur qui je jetais mes soupçons; je lui dis que, ne connaissant pas la Cour, je ne pouvais pas deviner qui étaient ceux qui vous rendaient ces mauvais offices. »

L'historien de MM. de Bouillon n'est pas au bout de ses peines. Une autre avanie lui est ménagée. C'est un propos tenu, il y a plus d'un an à M. des Granges, qui est maintenant retourné contre lui. On lui fait un grief d'avoir dit qu'il y avait au Trésor une chambre pleine de titres non inventoriés, et que si M. de Pontchartrain le voulait, il s'offrait à en faire l'inventaire, ce qu'il avait proposé dans l'espérance d'y trouver des titres peut-être non inventoriés, qui pourraient être utiles aux desseins qu'il avait entrepris.

Je supplie V. A. de remarquer que lorsque je disais que les titres de cette chambre ne sont pas inventoriés, c'était par rapport au Trésor, où il n'y a aucun inventaire de ces titres, quoique nous ayons celui que M. Dupuy en avait fait. M. des Granges en fit la proposition à M. de Pontchartrain, qui témoigna qu'elle lui était agréable. Cependant, le roi a dit à M. le Procureur général que, dans la vue de favoriser MM. de Bouillon, j'avais offert de faire cet inventaire; je n'ai pas voulu développer ce mystère, et j'ai laissé tomber cela.

Le roi persistait donc dans son idée que Baluze était homme à faire un mauvais usage des titres mis à sa disposition, et il n'est pas difficile d'imaginer ce qu'une prévention venue de si haut et si tenace devait allumer d'animosités à là Cour et jeter de trouble, même dans les esprits enclins à la bienveillance. M. le Procureur général ne pouvait plus longtemps s'y soustraire; et c'est l'inventaire de Mercurol dont il lui a été fourni communication, qui va devenir pour Baluze une nouvelle source de chagrins.

Sous prétexte que, sur son registre, les cotes des pièces du Trésor de Mercurol dont il a fourni des copies ne s'accordent pas en quelque endroit avec l'inventaire, il dit que toutes les cotes sont fausses, et je n'ai pas pu lui faire comprendre le contraire. Il ajouta que l'extrait des pièces cotées dans cet inventaire ne fait pas mention des qualités des personnes, s'ils sont chevaliers ou écuyers. J'eus beau lui dire qu'un inventaire n'est fait que pour savoir où sont les pièces, que les copistes font bien des fautes, que même l'ancien inventaire des chartes est tout plein de fautes, tout cela ne servit de rien. Il me paraît néanmoins disposé en telle sorte, lorsqu'il ira rendre compte de ceci au roi, qu'il s'en tiendra à sa première réponse, c'est-à-dire que je ne suis pas entré au Trésor des chartes.

Baluze insiste sur le mauvais parti qu'on fait « au pauvre M. d'Origny » en danger de perdre sa place et le recommande instamment à la bienveillance du cardinal.

Il a envoyé à Son Altesse le méchant libelle lancé à l'adresse des Bouillon aussi bien qu'à la sienne propre, et en reçoit la réponse suivante, datée de Rome, le 25 novembre 1698 :

J'accuserai, par celle-ci, la réception de vos deux lettres, dont la première était accompagnée de l'écrit fait avec beaucoup de venin contre ma maison et contre vous, que l'auteur paraît avoir en butte ; il n'aura réussi qu'en un point, dans le chagrin qu'il croit me donner, car, à la réserve de celui qu'il me cause par la peine que vous pourriez avoir de vous être attiré, pour rendre témoignage à la vérité et par le seul amour que vous avez pour elle, les ennemis et les envieux de ma maison, je vous assure que tout ce qu'il dit d'outré et d'envenimé contre ma maison a été lu par moi avec beaucoup d'indifférence et de tranquillité. Le temps sans doute nous découvrira le nom et la malignité de l'auteur, ou plutôt de ceux qui l'ont obligé d'écrire

ou qu'il a cru obliger... en écrivant avec tant d'acharnement...
S'il n'a pas raison en disant que je vous ai gagné pour écrire
comme vous avez fait, puisque je suis jusqu'à présent à vous
avoir fait le moindre plaisir, loin de vous avoir corrompu par
mes bienfaits, au moins profiterai-je de ses avis en vous dédom-
mageant en partie de ce que je vois bien que vous perdez pour
avoir dit des vérités avantageuses à ma maison, et qui causent
l'envie et la rage de ceux qui les voient avec peine. Au reste,
loin que cet écrit doive empêcher de mettre à exécution ce que
vous avez médité en mettant au jour l'ancienneté incontestable
de ma maison, depuis Acfred I jusqu'à nous, je crois, puisque
vous voulez bien vous en donner la peine, il faut y travailler
incessamment.

Une accalmie s'est pourtant produite en ce qui
touche Baluze. Le roi paraît être revenu à de
meilleurs sentiments à son égard. Un billet du
cardinal, daté de Rome le 6 janvier 1699, en
témoigne : « J'accuserai simplement par ce mot
de lettre la réception de votre lettre et j'ai bien de
la joie de la justice qui a été rendue à votre bonne
foi si indignement et si injustement attaquée
auprès du maître. »

M. le Procureur général s'est adouci, ne lui
rapporte plus de la Cour de propos offensants pour
son honnêteté. Visité par Baluze, au sujet d'une
demande de recherche au Trésor d'une pièce de
Géraud de La Tour, il se borne à lui laisser entendre qu'il ne pouvait plus en faire délivrer d'expé-
dition sans ordre du roi, et profite de l'entrevue
pour le dissuader de faire imprimer l'*Histoire
généalogique de la maison d'Auvergne,* lui disant
que le moment n'était pas propice, que les ennemis des Bouillon, qui supportent impatiemment
leur grandeur et leur ancienneté, s'en feraient un
prétexte pour s'échauffer davantage et nuire au
cardinal dans d'autres choses de conséquence;
il insinue que les Noaille, tout puissants à la Cour,
pourraient bien ne pas être étrangers à la querelle,

et ajoute qu'il devrait suffire à S. A. d'être en possession de sa principauté et d'en jouir sans se faire de nouvelles affaires.

Cependant, les événements se précipitent ; les faussaires de Paris sont arrêtés en 1700. L'interrogatoire du sieur de Bar ramène vivement l'attention sur les fameux feuillets sortis du cabinet de du Bouchet. Les commissaires saisis de l'instruction ordonnent, pour en contrôler la valeur au vu des anciens titres encore existants, que les cartulaires de Sauxillanges et de Brioude, et l'ancien obituaire de l'église de Brioude, seront portés à Paris.

Le cardinal, toujours attentif aux incidents qui se succèdent, très défiant sur les procédés de l'administration des postes, qui ne se fait pas scrupule d'intercepter sa correspondance, n'écrit que rarement et se sert d'intermédiaires dévoués.

Je crois, écrit-il le 11 janvier 1701, tellement porter malheur à tous les gens avec lesquels j'ai eu quelque commerce que je ne vous écrirai pas encore aujourd'hui pour accuser la réception de votre lettre, la seule que j'ai vue depuis mon départ de Rouen, au 1er de l'année, si ce n'était pour vous mander que je fis voir à Sa Sainteté combien vous vous intéressiez à la conservation de sa santé, par le conseil que vous me priez de lui donner de faire de l'exercice tous les jours ; je lui lus l'article de votre lettre, et Sa Sainteté me demandant si c'était Stephanus Baluzius, elle s'étendit ensuite sur vos louanges, votre mérite et votre capacité.

Le cardinal se montre satisfait des instructions qui ont fait porter au parquet de M. le Procureur général les vieux titres de Brioude et de Sauxillanges, et exprime sa confiance, pourvu qu'on n'y retranche ni ajoute rien, dans les résultats de l'épreuve ordonnée.

Depuis que l'arrestation du sieur de Bar a remis en question les feuillets incriminés, Baluze s'est livré à une étude plus rigoureuse des divers éléments dont ils se composent, et n'y a trouvé aucune preuve qui puisse le faire changer d'avis.

Dom Jean Mabillon, de son côté, est si fort persuadé de la vérité de ces originaux qu'il ne croit pas qu'on doive ni puisse ajouter foi au sieur de Bar, s'il disait que c'est lui qui les a écrits, estimant qu'ils sont très bons et très véritables. C'est bien aussi mon avis, ajoute Baluze, et je ne crois pas qu'il y ait personne au monde qui se connaisse tant soit peu en cette sorte de choses, et qui ne soit pas de vos ennemis, qui ne demeure d'accord en cette vérité.

Sur ces entrefaites, il apprend par l'abbé de Caumartin [1] que quelque chose se trame contre sa personne, et, le 9 mai 1701, il mande au cardinal qu'on croyait que M. Dubuisson [2] était dans la disposition d'ordonner un ajournement contre lui, et que, s'il en était ainsi, il ne se laisserait pas contumacier et comparaîtrait en justice. Il supplie Son Altesse de n'en prendre aucune inquiétude, car, dit-il, « cet incident, bien loin de vous préjudicier, servira à affermir l'épreuve de votre généalogie. »

Mais l'avis qui lui a été donné est resté sans effet. Dans le courant de la même année, le 23 octobre, le cardinal reçoit de Baluze la table généalogique des comtes d'Auvergne et des seigneurs de La Tour. Il s'adresse à un érudit du temps, dom Guillaume de Saint-Laurent, qui est auprès de lui, pour en avoir son sentiment. Celui-ci lui propose ses difficultés et croit qu'il y aura quelque chose à changer dans la table ; il se charge d'en

---

(1) L'abbé de Caumartin (1668-1733), frère de l'intendant des finances, nommé de l'Académie à vingt-six ans, pour sa précoce érudition, son vif esprit et sa parfaite amabilité, était des amis de Baluze et se tenait aux aguets de l'instruction de Bar, pour l'informer de ce qui se disait et se faisait.

(2) Dubuisson, intendant des finances, chargé par arrêt du Conseil d'instruire contre le sieur de Bar et autres.

faire part à Baluze, en lui soumettant les titres et les parchemins sur lesquels il appuie ses objections.

Pendant que cette correspondance s'échangeait, des faits qui ne manquaient pas de gravité s'étaient produits. Le cardinal avait quitté le royaume et passait pour conspirer à l'étranger. Rentré cependant en grâce, quelque temps après, il recevait une mission de confiance et était envoyé à Rome pour combattre Fénelon dans l'affaire du quiétisme. Il ne la remplit pas au gré du roi, et au lieu de se prononcer contre l'archevêque de Cambrai, se déclara en sa faveur, ce qui motiva un ordre de rappel immédiat et l'injonction qui lui fut signifiée de se retirer dans l'abbaye de Tournus. M. de Bouillon, qui visait alors le poste de doyen du Sacré Collège devenu vacant, ne crut pas pouvoir obtempérer, dans des circonstances si importantes pour lui, à l'ordre de Sa Majesté. Elevé bientôt, en effet, au décanat, il se prévalut de sa nouvelle dignité pour rester à Rome. Mais des intérêts majeurs, le séquestre de ses biens, la saisie de ses revenus le déterminèrent à repasser la frontière et à revenir en France.

Entre temps, l'instruction contre le sieur de Bar s'était poursuivie, et le procès touchait à son terme. L'habile et fieffé coquin fut condamné à mort le 11 juillet 1704. Sa peine, à quelque temps de là, fut commuée en prison perpétuelle ; le faussaire, estimant la pénitence trop longue, en abrégea la durée en se tuant dans son cachot.

L'arrêt ne visait ni le cardinal ni Baluze ; l'irresponsabilité de ce dernier paraissait reconnue. On pouvait croire que la justice du temps avait dit son dernier mot dans l'affaire.

Encouragé par ces circonstances, Baluze avait

pressé l'achèvement de son ouvrage, et obtenu, en 1705, du ministre compétent la concession du privilège nécessaire pour le faire imprimer. Des raisons diverses, sa nomination, en 1707, comme directeur du collège royal, des hésitations qu'expliquent les menées de l'époque, en retardèrent la publication. L'*Histoire de la Maison d'Auvergne* parut seulement quatre ans plus tard.

Sa mise au jour échauffa à l'extrême les esprits. Les hostilités se rallumèrent avec une furie nouvelle. Épigrammes et libelles furent prodigués sans ménagement au cardinal. On pourra juger, sur l'échantillon que nous en donnons, de l'acrimonie des méchancetés débitées contre S. A. Elles couraient depuis longtemps dans Paris et à la Cour, prenaient toutes les formes. La chanson dont nous citons un couplet affecte la façon d'un noël chanté par le cardinal à l'enfant Jésus :

> Seigneur, votre origine,
> Dit Bouillon au bambin,
> Est-elle bien divine ?
> Le monde est si malin.
> Eussiez-vous, comme moi, fouillé tous les chapitres,  .
> Et trompé Mabillon, don, don,
> On vous disputerait là, là,
> Votre nom et vos titres (1).

Le livre de Baluze réveilla les anciennes disputes, les exaspéra de plus belle ; il y eut une recrudescence d'épigrammes, dans le genre de celle-ci :

> Entasser les ducs d'Aquitaine
> Sur ceux de Milan et Guyenne,
> Usurper la race et le nom
> D'Acfred, d'Astorg et de Bouillon

---

(1) *Pièces pour et contre la maison de Bouillon*, p. 83, et *Recueil de Maurepas*, édit. de Leyde, t. II, p. 273.

> Et s'élever de règne en règne
> Jusqu'au temps de Charles Martel,
> C'est de La Tour d'Auvergne,
> Faire la tour de Babel (1).

On cherchait ainsi par tous les moyens à émouvoir l'opinion publique. Les sentiments bien connus du roi n'étaient pas étrangers à cette reprise d'armes. Il n'usait plus que de rigueur à l'égard du cardinal, qu'il avait autrefois comblé de bienfaits, dont il avait fait son grand aumônier, et qui, grâce à lui, porté au cardinalat dès sa première jeunesse, à vingt-cinq ans, lui avait dû d'être surnommé *l'enfant rouge*. Son ministre Louvois, irrité de la hauteur du prince et des licences que prenaient les membres de sa famille, s'était prononcé ouvertement contre lui. Il s'était mis, toutes les fois qu'il l'avait pu, en travers de ses projets ambitieux. Le roi, excédé par les prétentions du cardinal, n'avait pu s'empêcher, un jour que Son Altesse insistait pour obtenir le démembrement de la principauté dauphine d'Auvergne, afin que l'aîné de ses neveux s'appelât dauphin d'Auvergne, le roi, dis-je, n'avait pu retenir cette exclamation de mauvaise humeur : — Eh ! n'en finira-t'il donc pas sur sa maison !

La mesure était pleine. Le cardinal se voyait soumis à une surveillance étroite ; ses lettres étaient saisies à la poste ; le roi, qui n'avait plus de ménagements à garder envers un prince rebelle, lui faisait sentir son autorité, en serrant de plus près la chaîne qui le tenait confiné en province. M. de Bouillon qui voyait venir l'orage, las de ses exils répétés, poussé à bout par des machinations qui conspiraient à sa perte, outré d'une disgrâce et

---

(1) *Nouveau Siècle de Louis XIV, ou poésies anecdotiques du règne et de la Cour de ce prince*, t. IV, p. 196.

de persécutions qui le faisaient descendre au rang des derniers sujets du roi, ne tarda pas à en provoquer.l'explosion par un coup d'éclat. S'adressant directement à Louis XIV par une lettre rendue publique, il lui envoya sa démission de grand aumônier, justifiée, disait-il, « par dix ans et plus, des plus inouies, des plus injustes et des moins méritées souffrances », et ne craignit pas de marquer qu'il reprenait par ce moyen la liberté « que lui donnait sa naissance de prince étranger, fils de souverain, ne dépendant que de Dieu et de sa dignité de cardinal, évêque de la sainte Eglise romaine, et doyen du Sacré Collège, évêque d'Ostie, premier suffragant de l'Eglise romaine ». Un tel manifeste ne pouvait qu'attirer à son auteur les dernières mesures de rigueur et de contrainte personnelle. Le cardinal se garda bien d'attendre les exempts et se sauva à l'étranger.

Le roi, horriblement dépité par l'attitude frondeuse du prince et son évasion, remit le 25 mai 1710, dès le lendemain même du jour où il l'avait reçue, la lettre offensante à M. d'Aguesseau, alors procureur général, avec ordre de la déférer au Parlement et de faire diligence pour la punition exemplaire du crime de félonie dont il avait à se plaindre. Il adressa en même temps à son chargé d'affaires à Rome, M. de la Trémoille, une lettre lui prescrivant de représenter à la Cour pontificale que le cardinal, au mépris de ses ordres, avait quitté le royaume, s'était rendu à l'armée de ses ennemis; que son projet sans doute était de se retirer à Rome, et qu'il était bon d'informer Sa Sainteté de l'acte de désobéissance du doyen du Sacré Collège, de son odieuse rébellion et de son ambition sans bornes qui ne manquerait pas de causer du désordre dans l'Eglise. La lettre n'eut pas les suites qu'on espérait. La Cour de Rome ne s'émut pas des objurgations et des insinuations qui y étaient contenues, laissa passer la royale colère. Le pape fit la sourde oreille.

M^gr^ de Bouillon, qui se savait soutenu, répliqua violemment, ce qui enflamma les poudres. Il n'y avait plus à tergiverser. Le Parlement évoqua du coup l'affaire, lança un arrêt de prise de corps contre le fugitif ; mais son beau feu n'eut pas de durée, se trouva arrêté net, dès qu'on voulut examiner le fond des choses, par des difficultés de procédure, et s'éteignit piteusement au pied du mur infranchissable, de tout temps respecté et inviolé, des franchises cardinalices. C'était une défaite lamentable, l'impuissance du roi affichée.

Le chaos où l'on se débattait n'était pas propre à calmer le souverain. L'irritation de la Cour n'avait plus de bornes. Toutes les manœuvres capables de surchauffer les passions furent employées. On évoqua le fantôme du sieur de Bar qui s'était tué dans sa prison, en se cassant la tête contre les murs. L'arrêt de condamnation prononcé contre le faussaire fut exhumé du greffe de l'Arsenal, colporté et commenté avec vacarme.

On s'en prit au temporel du cardinal qui avait mis prudemment sa personne à l'abri et n'était pas le plus à plaindre, s'étant réservé une belle poire pour la soif hors de France, et y ayant serré une bonne partie de son patrimoine. Comme la satisfaction était mince, on se souvint fort à propos, pour la corser, du *complaisant* historien qui avait servi les *coupables* desseins du prince par sa généalogie de la maison d'Auvergne ; et il en résulta que la foudre, qui n'avait jusque-là menacé que le cardinal, fondit sur l'écrivain. Il était impossible de parer le coup. Les protecteurs de Baluze, aux jours heureux, n'étaient plus là ou n'avaient pas le crédit d'autrefois. Colbert était mort, ainsi que son fils ; son neveu était encore au

pouvoir, mais son pouvoir était si faible ! Torcy,
d'ailleurs, tout janséniste, avait les mains liées
par son parti. Beauvilliers et Chevreuse tenaient
à la Cour et dans l'estime du souverain un rang
que tout le monde enviait, mais c'était tout. On
laissait faire le roi. Lui seul voulait et gouvernait.
Madame de Maintenon à qui Baluze avait fait sa
cour, et qui aurait pu venir à son aide, avait bien
d'autres choses en tête, était occupée à se garer
elle-même des pièges tendus autour d'elle, se tenait
le plus qu'elle pouvait dans sa retraite de Saint Cyr.
C'est Baluze qui fut dans l'affaire le galeux et le
pelé. Les Anti-Bouillonnistes allaient clabaudant
partout que son *Histoire de la maison d'Auvergne*
était une œuvre de parti, une arme fabriquée dans
l'intérêt d'une famille factieuse. Les conséquences
ne se firent pas attendre. Sur ordre du roi, l'ouvrage fut déféré au Conseil d'Etat. Un arrêt,
en date du 1er juillet 1710, portant que l'auteur
avait dans son livre avancé différentes propositions
sans preuve suffisante et fait usage de pièces
déclarées fausses par arrêt du 11 juillet 1704,
ordonna le retrait du privilège accordé par Sa
Majesté sur le rapport du chancelier, et la recherche de tous les exemplaires du livre pour être
déchirés et mis au pilon.

Cet arrêt fut bientôt suivi d'actes de rigueur
contre l'écrivain. Etienne Baluze se vit dépouillé à
quatre-vingts ans de ses charges, de ses places,
de ses bénéfices, de tout ce qu'il avait si honora-
blement gagné par une longue vie de travail et de
peine. Il fut jeté sur le pavé, proscrit, obligé de
mener une vie errante en province, à Lyon, Blois,
Rouen, Tours, Orléans.

Quant au cardinal, dont les biens étaient en
sûreté et le temporel déjà sous séquestre, on
lui retira encore ce qu'on put, ce qui restait de
saisissable, c'est-à-dire le droit qu'il avait de

nommer à des bénéfices ecclésiastiques, toutes ses collations et droits sur les bénéfices par lui conférés.

Comme cette prise n'infligeait pas au cardinal une mortification assez sensible, — pour le piquer plus au vif, mandat fut donné, après quelques mois de réflexion (2 janvier 1711), à des officiers des bâtiments du roi de se transporter à l'abbaye de Cluny, où plusieurs personnages de sa maison étaient ensevelis, et à la chapelle Saint-Denis, où reposait le corps du grand Turenne, son oncle, pour en faire disparaître les armes, les inscriptions et les épitaphes, toutes les marques de la grandeur des membres de sa race qu'il y avait accumulées. On alla plus loin encore, et les titres du cardinal, les qualités princières par lui prises, furent rayés et biffés de tous les registres de la Cour où il avait figuré comme grand aumônier.

Ces exécutions tracassières, au fond anodines, et qui laissaient intact l'essentiel, — le rang de prince étranger des Bouillon, et leurs privilèges comme fils de souverain, — faute d'une soumission formelle de leur part ou d'une sanction juridique faisant autorité, troublèrent peu le cardinal, glissèrent sur lui sans lui faire de trop profondes blessures; il n'en protesta pas moins pour la forme, et par égard pour le droit persécuté dans sa personne, avec sa véhémence ordinaire, et il maintint plus haut que jamais sa fière indépendance. La suite nous apprendra quels coups nouveaux lui étaient ménagés, et à quels expédients, pour en assurer la réussite, on jugea bon de recourir. Elle nous apprendra aussi que le plus malheureux fut le plus innocent, et que la victime vraiment digne de pitié, dans ce conflit des vaniés humaines, fut Étienne Baluze.

V



Saint-Simon a dépeint, à son point de vue,
avec la verve enragée et les couleurs qui lui sont
propres, les artifices et les manèges dont cette
intrigue abonde.

En vérité, qu'y avait-il au fond de la grosse
partie, dans laquelle les personnages les plus
considérables se trouvaient engagés ? Un jeu
serré entre Louis XIV et le cardinal, beaucoup de
dépit chez le roi de voir les Bouillon oublier les
bienfaits dont ils avaient été comblés par la
royauté, se porter à des actes d'indépendance
intolérables, et affecter des airs de souveraineté
qui choquaient extrêmement le plus absolu des
monarques, non moins que les grands du royaume
qui se considéraient comme leurs égaux, ou même
leurs supérieurs.

Les *Mémoires* de Saint-Simon sont remplis des
disgrâces, des retours, des coups de tête et des

folies de cette famille. On sait avec quelle passion
le duc se jetait dans les conflits de préséance qui divisaient la noblesse d'alors. Il s'était
arrogé la police des rangs, sous le grand règne.
C'était sa spécialité. Or, les Bouillon lui donnaient
beaucoup de besogne. Ils tenaient une telle place
dans l'Etat qu'on ne savait où leurs prétentions
s'arrêteraient. Il est de fait que leur origine était
illustre, leur fortune énorme, leur crédit presque
tout puissant. Leurs alliances en France et à
l'étranger les rattachaient à des maisons souveraines. Ils se disaient princes étrangers, indépen-
dants du roi, descendants par les comtes d'Auver-
vergne des ducs de Guyenne. Or, Saint-Simon
leur contestait tout : leur qualité de princes étrangers, leur souveraineté, leurs belles origines. Il
avait la prétention de les réduire à s'appeler tout
simplement de La Tour et à biffer leur dénomination de comte d'Auvergne, bien qu'ils fussent en
possession du comté d'Auvergne, qu'ils en portas-
sent le titre et qu'ils eussent, avec ostentation,
multiplié les marques de leurs dignités dans les châteaux et les abbayes leur appartenant ; bien qu'ils
eussent saisi toutes les circonstances, — surtout
depuis Henri IV et la haute fortune du vicomte de
Turenne, — sans rencontrer d'opposition, de faire
briller leur grandeur et de mentionner leurs titres,
partout où l'occasion s'en présentait, dans les
actes privés et publics auxquels ils concouraient,
comme dans les registres de la Cour, où le cardinal
avait figuré en qualité de grand aumônier.

Leur souveraineté n'était qu'un objet de risée
pour Saint-Simon, comme si les terres de Sedan-
Bouillon, qui leur étaient advenues par succes-
sions et mariages, et dont ils la tiraient, n'étaient
pas regardées comme un poste-frontière libre, un
Etat tampon entre des puissances rivales, et ne
jouissaient pas à ce titre des prérogatives d'un Etat

indépendant. Il en était si bien ainsi, de fait au moins, que les maîtres qui les possédaient avaient établi une cour souveraine à Bouillon, servi, suivant les événements, l'Empire ou la France, et que même l'un d'eux, Robert II de la Marck, fils de Jean I, duc de Bouillon, s'emporta jusqu'à déclarer la guerre, en pleine diète de Worms, à l'empereur Charles-Quint, ce dont il aurait eu fort à se repentir, tout son pays étant saccagé et ses places ruinées par suite de son aventure, si la guerre qui surgit à propos entre la France et l'Autriche n'eût fait diversion et rétabli les affaires fort compromises du téméraire duc de Bouillon.

La reconnaissance de leur qualité de princes étrangers dans les lettres du roi et les traités de paix était lettre morte, aux yeux de Saint-Simon.

Animé d'un tel esprit, on peut penser s'il fut au premier rang des plus acharnés contre le cardinal, non pas directement et ouvertement, mais en dessous, par les soutiens qu'il avait à la Cour, par les ennemis des Bouillon qui travaillaient de concert avec lui : les Noaille, en plein crédit, dont les terres, se trouvant dans la vicomté de Turenne, les mettaient dans une dépendance qui leur était odieuse, et aussi le dur Louvois qui traquait le cardinal de son mieux.

Son aigreur toutefois n'eût pas suffi à elle seule pour émouvoir le roi. Louis XIV n'avait en lui qu'une confiance médiocre. Il lui trouvait un esprit hargneux, tracassier, obstiné dans ses préventions et ses manies. « C'est une chose étrange, avait-il dit un jour, que depuis qu'il a quitté le service, M. de Saint-Simon ne songe qu'à étudier les rangs et à faire des procès à tout le monde. »

Il faisait en ce moment le procès de MM. de Bouillon. Celui-là, du moins, n'était pas pour déplaire au roi. Il le faisait à sa manière, sans risquer gros jeu, allant et venant dans la coulisse, ayant des affidés qui échangeaient contre ses conseils leurs confidences, et lui, tapi dans son cabinet, consignant par écrit toutes les manigances qu'on lui racontait, les exploits divers des acteurs en scène.

On connaît les procédés de minutieuse analyse et de vive dissection qui lui sont habituels. Cela ne ressemble en rien à une instruction ordinaire ; c'est un siège en règle qu'il fait des insolentes prétentions et des fastueuses chimères de la maison de Bouillon. Il y revient avec insistance, avec acharnement, à satiété, par toutes sortes de détours, de reprises et de redites. Il ne se lasse pas de pousser des pointes dans le comté d'Auvergne et dans la principauté de Sedan-Bouillon, pour se donner le malin plaisir d'y chercher en vain les titres des nouveaux comtes d'Auvergne et de leur reprocher leur menterie.

Ce qui est singulier, c'est que ce « frondeur, plein de vues », suivant l'expression de Madame de Maintenon, savait parfaitement, quand besoin était, les dissimuler. La preuve en est qu'un beau jour, en 1708, au temps même où il était occupé à déchirer de ses plus belles griffes les MM. de Bouillon, l'occasion de faire une politesse au cardinal, se présenta et qu'il ne s'y déroba point. Le cardinal, exilé en province, ne pouvait approcher plus près de trente lieues de Paris et cheminait pour lors du côté de Rouen, dans les parages où s'élevait le château de l'auteur des *Mémoires*. Il y reçut avec sa suite une belle hospitalité, y passa plusieurs jours. Saint-Simon nous fait part de ses scrupules à l'occasion de cette visite. Il ne peut pourtant pas chasser un parent de Madame de Saint-Simon, un bienfaiteur dans d'autres temps !

Mais, qu'en pensera-t-on à Versailles ? Le roi, dit-on, a déjà froncé le sourcil. On lui reprochera, malgré tout, non sans apparence de raison, ses accointances singulières dans un moment si critique.

Saint-Simon, comme on voit, était fort à l'étroit dans ses petits souliers de duc et pair, se trouvait pris, n'aurait voulu déplaire à personne, faisait ses compliments au prince, envoyait ses excuses au roi. Il se sentait horriblement gêné, — on le croit sans peine, — par la présence d'un prince qu'il avait coutume de traiter si mal, par les audiences que le cardinal donnait chez lui, par les allées et venues de ses valets qui étaient toujours sur les routes, occupés à des missions suspectes. Il passa outre tout de même, se montra grand seigneur, et ne reprit sa campagne contre le cardinal qu'après son départ pour Rouen, ce qu'il fit incontinent, pour se soulager, en daubant sur l'orgueil de son hôte, « une hauteur inconnue, même aux princes du sang », et en lui trouvant avec cela des petitesses indignes, comme de dire par exemple aux gens de la Ferté, au sortir de la messe : « qu'il le regardâssent bien, parce que jamais ils n'avaient vu cela dans leur église et qu'après lui, cela n'y arriverait jamais ». Saint-Simon relate gravement le propos ; l'a-t-il bien entendu ? il est permis d'en douter. Toujours est-il qu'au retour de Rouen, il ne fut pas moins empressé, moins obséquieux, et qu'il fit encore les honneurs de son château de la Ferté, sur les raisons non moins singulières que lui donna de sa nouvelle visite le cardinal, qui « prétextait avoir besoin de quelques jours de séjour pour faire des remèdes plus en repos qu'il ne l'eût fait à Rouen ». Tout était ruse chez le cardinal, dit Saint-Simon, dessein et fausseté.

Ce qui est à regretter, c'est qu'on ne sache rien

des entretiens qui se tinrent alors entre Saint-Simon et son hôte. Les *Mémoires* n'en soufflent mot. On aurait eu plaisir à y retrouver quelque chose de ce qui se chuchota dans l'intimité du château. La discrétion absolue sur ce point du plus bavard des écrivains donne à réfléchir. Il est probable que si un tiers, moins retenu, nous en eût divulgué les secrets, nous y verrions un cardinal tout autre que celui dont Saint-Simon nous a laissé le portrait, et un Saint-Simon bien différent à son endroit de celui que nous connaissons. Le changement à vue serait curieux et le contraste piquant.

Quoi qu'il en soit, le séjour à la Ferté avait pris fin et les événements avaient marché. Il était question plus que jamais, à Versailles et à Paris, de l'histoire des faux du sieur de Bar et du cartulaire de Brioude. On peut s'attendre à de nouvelles explosions du gentilhomme satirique. Il ne s'était engagé jusque-là que sur des points de préséance et des questions de dignités, où le pour et le contre pouvaient être également soutenus, tranchés dans des sens opposés. Il s'agissait maintenant de bien autre chose que d'une généalogie obscure et d'un point d'histoire à éclaircir. C'est l'honneur même du cardinal qui est en jeu, sa complicité avec un misérable qui est dénoncée, par suite quelque chose d'extrêmement grave qui peut avoir sur les destinées d'une puissante famille des conséquences désastreuses. Le morceau était d'importance.

Saint-Simon se jeta dessus avec un redoublement de jalousie et de haine. Il faut voir, dans ses *Mémoires*, comme les coups qu'on porte au cardinal stimulent son appétit. Il ne les trouve jamais assez forts, il n'en trouve jamais assez. Trop de complaisances cachées paralysent, à son gré, le châtiment. Le roi est bien parti en guerre contre les Bouillon ; mais pourquoi ne pas en finir une

fois pour toutes ? pourquoi s'arrêter en chemin ?
Il ne suffit pas d'avoir saisi le temporel du cardinal, confisqué ses biens, de l'avoir dénoncé au
Saint-Siège comme un sujet révolté. Il ne suffit
pas d'avoir, par ordre du roi, rayé de l'abbaye de
Cluny et de la chapelle de Saint-Denis les quali-
fications et les marques souveraines qui y avaient
été entassées ; une punition plus exemplaire
agréerait à l'historien moraliste : il réclame la destruction entière des ridicules inventions du cardinal. Le roi lui-même est si mal obéi, ses ordres
si incomplètement exécutés ! Un coup décisif ferait
merveille. La fierté des Bouillon est la grande
criminelle ; il convient d'abattre, sans plus de
retard, ces orgueilleux pavots.

On songe tout d'abord, pour inaugurer cette
belle partie, à employer les moyens amiables, et
l'on imagine un expédient qui, croyait-on, s'il
aboutissait, devait mater la superbe du cardinal.
On sait avec quel faste M<sup>gr</sup> de Bouillon portait
ses dignités princières, et avec quelle hauteur il les défendait. Toutes les avanies qu'on lui
suscitait n'avaient pas d'autre cause, tenaient à
cette attitude qu'il estimait dans son droit et qui,
à la Cour, était qualifiée de factieuse. On se figure
donc avoir trouvé, cette fois, le point vulnérable
par lequel il sera sûrement atteint : c'est de lui
imposer, — à lui, le hautain et l'intransigeant
par excellence, l'entiché de ses origines souveraines, qui ne veut à aucun prix, par une déclaration
directe, se dire sujet du roi, — la reconnaissance
par un de ses proches de cette qualification. L'affaire peut certainement ne pas aller toute seule.
Jamais, dans aucune circonstance, les membres
de sa famille n'ont donné prise sur eux de ce chef,
n'ont employé la dénomination de sujet dans leurs

lettres au roi. Si on parvenait à obtenir un enga-
gement dans ce sens, ce serait pour le cardinal la
fin de son rêve, un coup mortel.

Or, il y avait à la Cour un grand seigneur, le
duc de Bouillon, frère du cardinal, sur qui, pour
arriver à ce résultat, on fondait quelque espérance.
Il paraissait offrir des gages sérieux de réussite,
se recommandait par une domesticité de cinquante
années à la Cour, par des qualités de fidélité et
d'obéissance exemplaires, des dehors de la plus
parfaite obséquiosité ; avec cela, peu de tête, assez
faible d'esprit. Il y avait chance, avec un tel
homme, de gagner la partie. Il fallait essayer. Le
roi, qui tenait les cartes du jeu, lui présente un
beau jour à signer un papier contenant sa soumission comme sujet. Le duc s'incline respectueusement et se borne à demander à Sa Majesté
quelque répit, le temps de réfléchir, de se consulter, ce dont le roi tombe d'accord, et c'est M. le
chancelier qui est choisi, pour avoir ses conseils.

Celui-ci, aussitôt averti, reçoit le prince avec toutes sortes de démonstrations gracieuses et lui déve-
loppe amplement les raisons qui doivent le déter-
miner à donner satisfaction au roi. M. de Bouillon
reçoit avec déférence les avis qui lui sont exposés,
mais refuse nettement de s'y rendre. Cette décon-
venue, à laquelle on ne s'attendait pas, déconcerta
grandement le chancelier qui, pour ne pas rester
sur ce nouvel échec, prit le parti de demander au
Parlement les satisfactions refusées par le duc.

Voici donc la question des droits de la souveraineté de MM. de Bouillon introduite dans
les formes voulues. Des conclusions tendantes à
la destruction complète « de leurs chimères », rêvée
par Saint-Simon, sont rédigées en quinze articles.
Le roi mande dans son cabinet le premier président, Pelletier, et le procureur général, d'Aguesseau, leur donne ses ordres pour pousser l'affaire.

Le procureur général étudie le dossier et soumet ses objections. L'affaire n'est pas aussi claire qu'on se l'imaginait, traîne en longueur. De nouveaux ordres, pressants, sont signifiés ; le procureur général y répond par de nouveaux mémoires. Les choses n'avancent pas. Le chancelier en est aux cent coups. D'Aguesseau, pressé par le chancelier, piqué par le roi, se renferme dans les difficultés qu'il a présentées et en produit d'autres, si bien que le procès reste en l'air, ne prend pas figure, et que le roi, de guerre lasse, se décide à ne plus insister, à laisser les choses en l'état.

Saint-Simon qui raconte par le menu cette histoire, n'est pas content, comme on peut le penser ; il se rebiffe contre tout le monde, s'en prend aux hommes de loi qui ont laissé périr l'affaire : le premier président, sur qui il comptait, a fait preuve de faiblesse ; d'Aguesseau que tout à l'heure il vient de dépeindre comme le plus estimé des magistrats, si capable, d'une intégrité parfaite, a manqué à sa parole et forfait aux devoirs de sa charge. A qui donc se fier ? et notre homme fait rage. C'est très bien, mais une réflexion se présente, qui renverse aisément tout son bel échafaudage : quels étaient les meilleurs arbitres de l'affaire, et qui avait la responsabilité des poursuites ? Étaient-ce des accusateurs sans mandat, ou bien les premiers du Parlement n'ayant d'autre intérêt dans l'action que celui de la justice ? Si Pelletier a estimé qu'il ne pouvait, dans une cause de cette gravité, rendre un service, et si d'Aguesseau a jugé qu'il ne pouvait en conscience saisir le Parlement de prétentions qui lui paraissaient injustes, à qui s'en prendre ? aux hommes de loi qui se sont inspirés de leur devoir, ou aux imprudents ouvriers de la machine aux quinze articles, qui a éclaté dans leurs mains ? Quel esprit impartial hésiterait à se prononcer ?

Ces échecs multipliés eurent pour conséquence, il fallait s'y attendre, de ressusciter l'éternelle affaire de Bar. Comme on avait besoin d'une victime, pour ne pas paraître avoir le dessous, et que la grosse échappait, on se rabattit sur Baluze. Ce fut le moucheron qui paya pour l'éléphant. Nous avons vu de quelle façon il fut traité, et quelles avanies il eut à souffrir : son ouvrage d'abord condamné, seul frappé, le retrait du privilège, la saisie des exemplaires, leur lacération, puis la dis·grâce de l'auteur, la perte de ses places, son exil.

La compensation était médiocre, mais Saint-Simon y trouvait un nouveau prétexte à tracasseries. On devine sans peine ce qu'il a pu écrire de l'affaire de Bar, de la connivence du cardinal, de la complaisance de Baluze. On n'est pas obligé, heureusement, de le croire sur parole. De tous les écrivains du siècle de Louis XIV, c'est un de ceux qu'on lit avec le plus de plaisir et dont il faut le plus se défier. Les raisons de le juger ainsi sont devenues banales à force d'être répétées. Il se les donnait à lui-même, lorsqu'il reconnaissait son besoin de satisfaire « ses inclinations et passions » en tout ce que la vérité lui permettait de dire [1]. Il se dit ami de la vérité et accuse ses faiblesses ; il manque de mesure dans le blâme et dans l'éloge, va si loin parfois qu'il craint que ses lecteurs n'en soient révoltés. Il se délecte dans ses récits et ses portraits, éprouve un plaisir d'artiste à les composer, à les retoucher et à jouir à distance de l'effet qu'ils produiront. Ses retouches ne sont pas toujours réussies. Il émet sur les mêmes choses et sur les mêmes personnes bien des vues et des jugements qui se contredi-

---

(1) Lettre écrite à M. de Rancé, le 29 mars 1699. — *Mémoires du duc de Saint-Simon*, tome I, page xxv, Paris, édition Hachette.

disent. C'est un peintre incomparable, à sa manière, et un écrivain de premier ordre; mais comme on lui voudrait une Égérie, quelque grande dame de son temps, célèbre par le sens et le tact, une Madame de Lafayette, ou une Madame de Caylus, pour regarder, quand il écrit, par-dessus son épaule, le conseiller et le retenir. Afin de donner du relief à ses peintures, il les pousse à la charge, ce qui sans doute les fait mieux voir, mais aux dépens de la vérité. Il est si pressé d'observer, d'écouter, et d'écrire, si envieux de ne rien perdre, de tout noter, de tout raconter, que les choses ainsi accumulées à la hâte, au jour le jour, deviennent forcément confuses dans son esprit et s'arrangent ensuite sous sa plume, comme elles peuvent, suivant ses inclinations et passions, à la diable. Sa tête en fumait, disait-on chez Madame de La Vallière. Elle n'a jamais plus fumé qu'au sujet du cardinal de Bouillon et des gens qui le soutenaient.

Ses *Mémoires* qui sont les dépositaires de ses rancunes contiennent logiquement un acte d'accusation en forme contre le cardinal et Baluze. Sa méchante humeur s'y déploie à l'aise, coule de source. Elle n'a pas eu le succès qu'il espérait. La presque unanimité des auteurs qui ont parlé des démêlés auxquels donna lieu la généalogie de la maison d'Auvergne ne se sont pas arrêtés au récit des *Mémoires,* se sont déclarés en faveur d'Etienne Baluze. L'explication en est facile à fournir. Saint-Simon ne pouvait trouver crédit dans la circonstance. Il était trop jusqu'au cou dans le parti opposé aux Bouillon. Son siège était fait d'avance. Cela saute aux yeux dans sa perfide narration. Après le récit de son affaire personnelle contre MM. de Luxembourg, on peut citer, en très bon rang, pour le comble de l'amertume et de l'acrimonie, celui du procès qu'il mène contre MM. de Bouillon.

Il admet *a priori* que le cardinal était d'intelligence avec le sieur de Bar, et avance, non sans quelques timides réserves, que l'*Histoire de la maison d'Auvergne* est le fruit d'une faiblesse coupable de Baluze. Il ne se met pas en peine de chercher la preuve de ses accusations. Le fait de la complicité du cardinal dérive à ses yeux du besoin qu'il avait de se procurer un titre qui satisfît son ambition et lui assurât le rang auquel il prétendait; la connivence de Baluze lui paraît suffisamment établie par l'importance des services qu'il a reçus du cardinal et des promesses qu'il en a obtenues. C'est sa façon à lui de voir les choses; on ne saurait, à l'entendre, les voir autrement. Il prend ses désirs pour des réalités et ses opinions pour des arrêts. La similitude du cartulaire et de la nouvelle généalogie ne laisse aucun doute dans son esprit sur les faussetés organisées par les parties intéressées. « Rien, dit-il, de plus semblable au cartulaire que cette nouvelle généalogie par ses découvertes, ignorées jusqu'alors, et quoique cette pièce la dût être entièrement pendant la composition de l'ouvrage, puisqu'elle ne devait pas encore être trouvée, l'un et l'autre se montra prêt en même temps. Néanmoins, il fut jugé plus expédient de produire le cartulaire le premier, et d'en attendre le succès avant de publier l'*Histoire de la maison d'Auvergne* ». Cela est peu clair. Il en résulte pourtant cette constatation que le cartulaire devait être ignoré pendant la composition de l'ouvrage. Or, s'il n'avait pas été trouvé à ce moment, comment faire un grief à Baluze de la ressemblance des preuves, et ne faut-il pas en conclure que les preuves de la généalogie existaient indépendamment de celles du cartulaire ? C'est ce que Baluze a constamment soutenu dans ses écrits.

Mais il s'est passé un fait autrement caractéristique : aussitôt après la remise des feuillets au cardinal, rien ne s'opposait à ce qu'on en fît discrètement usage. Il était même à propos, dans l'hypothèse d'un concert criminel, de les utiliser tout de suite, sans bruit, sans laisser paraître des doutes, sans mettre le public dans la confidence. C'est pourtant ce qui a eu lieu. On n'a rien eu de plus pressé que d'éventer le complot. Des savants ont été invités à bien examiner les pièces, à en dire leur avis ; ils les ont déclarées authentiques. Cela n'est pas au goût de Saint-Simon. Pure comédie, s'écrie-t-il, le cardinal fait le modeste et le scrupuleux ; et quant à Baluze qui est à sa dévotion, il a bel et bien endoctriné les autres savants subalternes et mercenaires ! Saint-Simon n'est jamais embarrassé. Quand la preuve lui fait défaut, il y supplée par des suppositions et raisonne comme si elles étaient justifiées. Mais le cardinal de Bouillon a fait mieux encore que de réunir un conseil de savants ; il a affiché sa découverte, l'a livrée pendant un an à la malice des curieux, et Dieu sait s'ils s'en sont privés. Son forcené critique ne voit dans ces précautions qu'un stratagème de plus et ne prend pas garde qu'il prête une grosse sottise à un prince qui n'a jamais passé pour sot.

Encore n'est-il pas aussi sûr de son fait qu'il en a l'air. Il se voit obligé de présenter, pour l'éclaircir, plusieurs hypothèses, ce qui démontre l'aléa de ses conjectures et une conviction mal assise, la première supposition ruinant les autres. « Soit, dit-il, que les véritables examinateurs y fussent trompés, soit qu'ils se fussent laissé séduire, soit, comme il y a plus d'apparence, qu'ils vissent bien ce qui en était, mais qu'ils ne voulussent pas se faire un cruel ennemi du cardinal et de toute sa maison pour chose qui, au sens de ces gens obscurs qui ne connaissent que leurs livres, ne blessait personne et n'importait à personne, ils prononcèrent en faveur du cardinal, et le P. Mabillon, ce bénédictin si connu dans toute l'Europe par sa science et sa candeur, laissa entraîner son opinion par les autres ».

Le noble écrivain le prend de bien haut avec ces gens obscurs, qui ne connaissent que leurs livres, les Baluze, les Mabillon, des savants intègres et de grand mérite, réputés pour tels dans le monde. Comment auraient-ils pu se repaître de l'illusion qu'ils leur prêtent, et s'imaginer que leur décision n'offenserait personne, après l'esclandre qui s'était passé et l'entrée en scène du roi ? On demeurerait confondu devant une pareille allégation, si l'on ne savait avec quelle facilité Saint-Simon laisse courir sa verve et risque, tout en se piquant d'exactitude, les assertions les plus téméraires. Ainsi, à propos du procès de Bar, il dit un jour que le faussaire, grâce aux supplications du duc de Bouillon, ne fut pas condamné à mort, mais à une prison perpétuelle [1] ; et, un autre jour, que les Bouillon eurent le crédit de faire commuer la peine de mort en une prison perpétuelle [2]. Voilà, à peu de distance, des versions qui ne concordent pas ; mais ce qui étonne davantage, c'est l'intercession, dans la circonstance, en faveur du faussaire, du duc de Bouillon [3], c'est-à-dire du même prince qui doit refuser si dignement au roi de signer sa déchéance. On ne sait vraiment, en présence d'informations

---

[1] Tome III, p. 366, édition Hachette.
[2] Tome IV, p. 158, même édition.
[3] Tome III, p. 368.

si peu sûres et de l'à peu près de peintures si allé-
chantes mais si trompeuses, ce qu'il faut en prendre ou en laisser, quelle est la part de la vérité et
celle de l'invention. Ce qui perce clairement, c'est
la haine féroce de Saint-Simon pour le cardinal
et son historien.

Aussi, les circonstances qui militent en faveur
de l'écrivain passent-elles pour lui inaperçues. Il
ne se préoccupe même plus de son hypothèse,
touchant l'erreur possible. Peu lui importe maintenant que la Généalogie des Bouillon ait été
composée avant la découverte des feuillets du
cartulaire de Brioude ; qu'elle ait été jugée, con-
damnée, hors la présence de l'auteur, sans débat
contradictoire ; peu lui importe que Baluze ait toujours protesté contre les imputations dont il était
l'objet, que les documents incriminés aient été
déclarés faux dans une cause qui lui était étrangère. Leur authenticité, déclarée dès longtemps
avant qu'il ne fût question du procès des faussaires et du sieur de Bar, par des érudits hors de
pair, ne le gêne en rien. Il ne fait pas plus de cas
de leur opinion que de la concession du privilège
sur le rapport de M. le chancelier (1705), « un
homme si léger, presque coupable ! » que du
silence gardé depuis lors, et de celui observé
depuis la publication de l'ouvrage (1709) jusqu'à
l'arrêt qui frappa l'ouvrage de Baluze, le 1er juillet
1710. Il n'a de considération que pour la sentence
des juges de l'Arsenal dans l'affaire de Bar et
celle du Conseil d'Etat dans le procès fait à l'*Histoire de la maison d'Auvergne,* où Baluze n'était
point partie.

Tout le reste est de peu d'importance, au jugement de Saint-Simon qui n'est pas dans l'habi-
tude de démordre de ses parti-pris, et à qui il plaît,
pour couronner les fourberies du cardinal, de
faire entrer et de confondre, sur de pures chimères

de son esprit, dans la même conjuration de mensonge et de fraude, Baluze qui n'aurait pas hésité à engager sa réputation sur de fausses cartes, le P. Ruinard dont la probité aurait fléchi, le P. Mabillon dont la *candeur* aurait été surprise, et les autres savants de l'époque, consultés au sujet des pièces prétendues fausses, chez qui il ne voit que des dupes ou des fripons ; jetant pêle-mêle dans le même sac les Jésuites, partisans déclarés des Bouillon, les savants des trois congrégations françaises de l'ordre de Saint-Benoît, et même le chancelier « ami des Bouillon, sujet quelquefois à traiter les choses légèrement » et qui était honteux, d'après Saint-Simon, à ne savoir où se mettre d'avoir passé l'impression d'un si abominable ouvrage.

Les suppositions malveillantes, les accusations haineuses prennent ainsi leurs coudées franches avec l'auteur des *Mémoires*, se groupent, se pressent et pullulent sous sa plume emportée. Il se fonde, pour en faire étalage, sur ce que l'arrêt précité de 1710 dispose que Baluze avait non seulement avancé différentes propositions sans aucune preuve suffisante, mais encore sur ce que, pour autoriser des faits mentionnés contre toute vérité, il avait inséré dans son volume des Preuves plusieurs pièces qui avaient été déclarées fausses par l'arrêt de la chambre de l'Arsenal de 1704.

Or, l'arrêt de 1710, destitué des garanties les plus ordinaires de la justice, sans débat ni contradiction, comporte-t-il un pareil déploiement de forces injurieuses ? De ce que les juges de la chambre de l'Arsenal ont estimé que la preuve était insuffisante, s'en suit-il, nécessairement, que des propositions émises par un historien de la valeur de Baluze perdent tout crédit ? Et sur ce premier point, pour une appréciation qui demandait des connaissances très spéciales, le savant auteur qui les a avancées, n'était-il pas le mieux qualifié des juges? On n'a nul effort à faire pour s'imaginer que ses lumières peuvent soutenir la comparaison avec celles de Messieurs de l'Arsenal.

Pour ce qui est des pièces fausses, est-il bien démontré qu'il se soit agi, dans le procès de Bar, des feuillets du cartulaire de Brioude contrôlés par Baluze et Mabillon? Lors même qu'ils eussent été nommément visés dans ce procès, a-t-on l'assurance qu'ils aient été appréciés au vu des originaux soumis aux experts, non sur des copies fautives? La négative résulte des faits connus. Il y avait plusieurs années, lors des perquisitions faites chez le sieur de Bar, que les originaux étaient sortis de ses mains, avaient passé très vraisemblablement en la possession du cardinal. Les saisies pratiquées chez le faussaire ne les touchèrent pas. Le procureur général ne les a pas détenus. Les juges ne les ont pas eus sous les yeux. Leur vérification n'a pu porter que sur des copies similaires, c'est-à-dire sur des pièces autres que celles examinées par les experts. L'autorité d'une opinion qui s'est formée dans de telles conditions est loin de s'imposer ; par suite, celle de l'arrêt de 1710 s'en trouve singulièrement amoindrie et peut être à bon droit suspectée.

Dom Ruinard, qui avait intérêt à suivre les péripéties du procès des faux, allègue que l'instruction n'a même pas porté sur les dits feuillets, et affirme que dans l'affaire de Bar, « quoi qu'il y ait beaucoup de pièces énoncées que ces Messieurs (du Conseil) ont cru fausses, il n'y ait point du tout parlé ni des six feuillets ni du petit cartulaire de Brioude, dans lequel se trouve la pièce de saint Louis sur laquelle les experts ont donné leurs attestations » [1].

----

(1) Lettre citée dans l'étude intitulée : *Le Cardinal de Bouillon, Baluze, Mabillon et Th. Ruinard, dans l'affaire de l'Histoire gé-*

En voilà, ce nous semble, assez pour ne pas se payer d'apparences, et pour exiger, dans une affaire aussi enchevêtrée et envenimée, afin de l'envisager avec quelque équité, mieux que des impressions de parti, je veux dire des garanties d'exactitude, de libre examen et d'impartialité.

Saint-Simon, qui estimait le cardinal capable de tout, n'en demandait pas tant, se contentait d'à peu près pour crier son infamie sur les toits. Les quelques critiques anonymes qui ont fait chorus avec lui étaient de sa meute. Ils n'ont fait du reste, comme l'a dit Baluze, qu'aboyer après la lune. L'opinion générale du temps ne les suivit pas dans leur campagne. L'accusation de faux dirigée contre le cardinal ne trouva crédit que dans le camp ennemi. Au xviie siècle, pas plus que de nos jours, rien n'a été produit qui tende à établir, par une preuve satisfaisante, que les Bouillon, quelque flattés qu'ils fussent d'une généalogie qui leur faisait grand honneur, aient voulu se la procurer d'une façon frauduleuse. Les lettres du cardinal laissent percer sa vanité, non sa malhonnêteté. Les témoignages contemporains attestent l'impression pénible avec laquelle furent accueillies les persécutions dont il était victime. Il reçut des plus honorables personnalités du temps des marques non équivoques d'estime. Madame de Sévigné lui demeura fidèle jusqu'à la fin. Les sentiments qu'elle lui avait manifestés au cours de ses vifs différends avec le roi et qu'elle exprimait si bien à son cousin Coulanges, dans une lettre du 16 février 1695 : « J'aime et j'honore M. le cardinal de Bouillon », furent chez elle invariables. L'affection que

---

*nérale de la Maison d'Auvergne,* par M. Ch. Loriquet, bibliothécaire et archiviste de Reims, secrétaire général de la Société de cette ville, etc. Reims, P. Dubois et C[io], libraires-éditeurs, 1870.

lui portait Fénelon ne lui fit jamais défaut. M. Loriquet rapporte, à sa louange [1], ce que fit Clément XI, dans ces circonstances critiques, pour le réintégrer dans la confiance du roi. Il répugne de croire que ce pape, « très grand homme de bien », ait placé son amitié sur une tête indigne. De la légèreté, de l'ambition, de l'orgueil, de l'audace, oui certes, rien de tout cela ne manqua au cardinal, il en eut par surcroît ; mais l'imposture et la fraude sont restées jusqu'à ce jour dans le domaine du pamphlet et de la controverse. Si quelques bons esprits inclinent au doute, c'est au doute seulement. Il nous paraît équitable que M. de Bouillon en bénéficie.

Quant à Baluze, qu'avait-il donc tant à gagner dans la composition de l'histoire de la maison d'Auvergne ? qu'avait-il à en espérer à l'âge où il était parvenu, et quelles magnifiques promesses, après tant de bons services déjà reçus du cardinal, auraient pu l'ensorceler au point de risquer si tard, au faîte de la fortune, sa réputation dans une si périlleuse aventure ? La mesure des honneurs, auxquels il pouvait prétendre, débordait. Il ne lui restait plus rien à désirer. Il avait été comblé de faveurs par Pierre de Marca, Colbert, Croissy, Seignelay. Il était à la tête de l'enseignement en France. Il tenait la première place dans le concert des savants de l'Europe. Arriver à plus de satisfactions et à plus de gloire, par l'édification d'un nouveau monument historique élevé à l'illustration d'une noble famille, c'eût été, sans doute, un objet digne encore de son ambition et de son grand esprit, mais à la condition de rester fidèle à lui-même, à ses précédents, à toute une carrière

---

(1) Dans l'ouvrage cité plus haut.

d'honneur. Sa pensée, à ce moment, dans une situation si brillante et si justement acquise, pouvait-elle s'arrêter un instant au dessein de favoriser contre sa conscience, contre son passé, contre tout ce qu'il avait amassé de considération, d'amitiés et de respects dans le monde, des prétentions inavouables et une vanité perverse? L'hypothèse est indigne, inadmissible. Elle est démentie par tout ce qu'on sait de Baluze, de ses procédés de travail, du soin qu'il mettait dans la composition de ses ouvrages et le choix des matériaux qu'il y faisait entrer, de son caractère, de son intégrité, de son zèle enfin, depuis le premier jour jusqu'au dernier de sa longue existence, « pour ne rien avancer que d'exact, à sa connaissance du moins, et ne rien écrire que de vrai ».

Les ennemis du cardinal étaient nombreux, mais Baluze, sauf quelques jaloux et mécontents, n'en avait pas, à vrai dire. Ceux, très rares, qu'il a pu connaître sont sortis de la mêlée furieuse qui pourchassait M. de Bouillon. Il n'a été atteint que par ricochet, *in extremis,* faute d'une proie meilleure, et comme pis-aller.

Pour se rendre compte de l'acuité et de l'intensité des passions qui enveloppèrent le cardinal et Baluze, il faut se reporter au temps où elles se produisirent, où Jésuites et Jansénistes se faisaient une guerre au couteau, où leurs chefs étaient tour à tour glorifiés et persécutés, où la neutralité et l'indifférence étaient taxées de lâcheté et de trahison.

Les Jésuites formaient une armée puissante, marchaient avec Fénelon. Le duc de Bouillon, ami de l'archevêque de Cambrai, leur était favorable. Tout un grand parti les soutenait. M^me de Maintenon les avait appuyés longtemps de son crédit. Ils disposaient encore à la Cour d'influences considérables.

Dans le camp opposé se voyaient l'archevêque de Paris M. de Noailles, l'archevêque de Reims M. Le Tellier, le grand Bossuet, toute la légion des Jansénistes.

Ce furent ces partis qui en vinrent aux prises lorsque les coquineries du sieur de Bar ayant éclaté, on en prit occasion de chercher querelle au cardinal. Les libellistes ne laissèrent pas tomber l'arme qui s'offrait à eux et répandirent perfidement le bruit que le faussaire avait travaillé sur commande, pour le compte de M. de Bouillon, que tout l'ouvrage de Baluze sortait de cette officine véreuse. Il ne s'agissait de rien moins, suivant leurs dires, que d'une fraude qui viciait l'ouvrage entier et le faisait crouler par la base, si les titres trouvés chez du Bouchet en étaient retranchés. Or, la proposition était absolument fausse, comme on le verra mieux plus bas. Le livre tenait debout, subsistait sans ces pièces. Ce qu'on pouvait faire, c'était de discuter les titres dont se prévalait l'historien, s'ils étaient critiquables, et de réfuter ses preuves si elles paraissaient mauvaises. Mais une controverse ainsi engagée, honnête et sérieuse, qui aurait pu servir à dégager la vérité, ne donnait pas satisfaction à des rancunes avides de scandale. Il s'agissait bien moins d'opposer arguments à arguments qu'un parti à l'autre, et de combattre un écrivain que d'humilier le cardinal. Une réfutation en forme ne répondait pas aux desseins de ses ennemis. Un châtiment était indispensable. Il leur fallait déshonorer le prince et, au besoin, s'en prendre à l'écrivain, le flétrir comme un généalogiste à gages.

M. Loriquet, qui a étudié l'affaire de près, dit avec raison que cette machination ne fut montée qu'en désespoir de cause, et alors qu'on eut acquis la conviction que le cardinal ne céderait

pas, livrerait à la publicité l'histoire de sa maison.
Sur l'authenticité des titres, il partage l'avis de
Mabillon et de Baluze. Pour ce qui est de la sincérité des savants qui les ont approuvés, aucun
doute ne subsiste dans son esprit. « Ce sont choses, dit-il, qui n'ont plus besoin d'être justifiées. »
Il excipe d'une copie du xvii<sup>e</sup> siècle du cartulaire de
Brioude, qui se trouve à la Bibliothèque nationale,
différente du cartulaire, seul connu au temps de
Baluze, et se demande si elle ne prouve pas « qu'à
l'original de cette copie ou à tout autre alors perdu,
se rattachaient les fragments recueillis par de Bar
chez du Bouchet » [1]. Il rappelle un incendie sur-
venu à Brioude, le 27 avril 1703, en la chambre
capitulaire de l'abbaye, qui avait mis dans un
complet désarroi les archives du Trésor, fait jeter
au dehors par les fenêtres, pêle-mêle, les chartes
les plus précieuses. Il était à présumer que les dits
fragments avaient été trouvés dans le tas des pièces ainsi épargnées par le feu. Toujours est-il que
les experts, lorsqu'ils eurent à les étudier, furent
unanimes à déclarer qu'ils étaient d'une écriture
aussi ancienne que celle du cartulaire existant encore à Brioude et avaient été tirés d'un cartulaire
de l'église de Brioude aussi ancien, et contenant
sans doute les mêmes titres et chartes, et dans le
même ordre que les titres et les chartes sont contenus dans le grand cartulaire ; et en outre que dans
le cartulaire de Sauxillanges qui leur a été repré-
senté, il y a des titres qui prouvent incontestablement la vérité des faits contenus dans les six
feuillets détachés. Le procès-verbal que les experts

---

(1) M. Loriquet fait mention d'un procès-verbal contenant l'analyse et la copie d'un certain nombre de pièces trouvées dans le Trésor
des chanoines de Brioude en 1697, et duquel il résulte qu'avant
l'incendie il y avait deux autres cartulaires, dont l'un renfermait
467 articles.

dressèrent de leurs opérations est à lire ; il est fait
avec décision, précision et clarté, en toute com-
pétence et toute conscience. Il dénonce la capacité
des hommes qui en furent chargés, de même que
leur parfaite bonne foi [1].

Nous n'avons mentionné que pour mémoire, et
à titre de document, l'opinion de M. Loriquet sur
l'authenticité des titres. C'est la seule probité des
experts qui nous importe et que nous cherchons à
mettre en relief, en particulier celle de Baluze.

Saint-Simon abuse par trop étrangement du
reproche de complaisance qu'il fait à l'historien de
la maison d'Auvergne. La notice de M. Loriquet
est accompagnée de plusieurs lettres de Baluze
qui attestent non sa servilité, mais son indépendance. On y voit que l'écrivain veut bien suivre
les indications du cardinal, lorsqu'elles lui paraissent plausibles, mais qu'il ne s'y conforme qu'autant qu'il le peut, et qu'il marque soigneusement
les endroits de son livre ou de ses preuves qui ne
peuvent souffrir de changement : « Je dois croire,
lui écrit-il le 22 août 1704, que V. A. ne cher-

---

(1) Nous donnons ci-dessous les Attestations des experts, en date
du 23 juillet 1695 et du 6 novembre 1700. Cette dernière a été publiée
dans la *Revue des Documents historiques*, 1re année, 1873-1874, et
reproduite par M. Loriquet. — Voir dans l'*Histoire de la Maison
d'Auvergne* le procès-verbal détaillé du 23 juillet 1695.

« Nous, soussignés, Estienne Baluze, professeur royal en droit-
canon en l'Université de Paris, frère Jean Mabillon et Frère Thierry
Ruinart, prêtres et religieux bénédictins de la Congrégation de S.
Maur, ayant esté priez par Mgr le duc de Bouillon de porter nostre
jugement sur la vérité et antiquité des originaux sur lesquels les
pièces cy-dessus transcrites ont esté fidèlement copiées et par nous
très exactement collationnées, après nous estre assemblez plusieurs
fois dans l'abbaye royale de Saint-Germain-des-Prez en cette ville
de Paris, pour examiner lesdits originaux qui nous ont esté repré-
sentez par le sieur Pierre-Jean de Bar, natif de la province d'Auvergne, qui a travaillé longtemps avec monsieur du Bouchet, natif
du mesme pays, à la recherche d'anciens titres et actes concernant
l'histoire de ladite province, nous avons jugé que le cartulaire
duquel la letre de Saint Louis adressée au chapitre de Saint-Julien
de Brioude a esté tirée, est incontestablement d'une escriture d'en-

chant que la vérité, approuvera mes réflexions,

---

viron quatre cens ans, c'est-à-dire, de fort peu de temps après la date de ladite letre, et que les neuf pièces concernant les fondations faites ou confirmées dans le dixième siècle par Géraud de la Tour, son père Bernard, son grand-père Bernard, comte, fils d'Acfred premier du nom, duc d'Aquitaine et comte d'Auvergne, par un prestre nommé Octomar, un autre prestre nommé Ermenaud, un nommé Dalmas et sa femme Isingarde, et par Joseph, prévost de ladite église, aussi bien que les dix feuillets des deux tables d'où les articles ci-dessus copiez ont esté extraits, sont incontestablement d'une écriture de cinq à six cens ans, et ont indubitablement esté détachez d'un ancien cartulaire de ladite église, et que l'obituaire est d'une escriture d'environ trois cens ans. — En foy de quoi nous avons signé ces présentes. Fait à Paris, en l'abbaye Saint-Germain-des-Prez, le vingt-troisième jour du mois de juillet l'an de grâce mil six cent quatre-vingt-quinze. — Signé : BALUZE, F.-JEAN MABILLON, FR. J.-THIERRY-RUINART. »

« Nous, soussignés, qui avons ci-devant examiné les anciens titres fournis par le sieur de Bar à Mgr le cardinal de Bouillon qui prouvent l'origine de la maison de la Tour d'Auvergne, ayant été informés par le bruit public, auquel nous n'ajoutons pas de foi, que ledit sr de Bar, lequel a été depuis peu arrêté et conduit à la Bastille, par ordre du roi, avec quelques autres particuliers accusés d'avoir distribué de faux titres de noblesse, a depuis sa détention déclaré que ceux qu'il a fournis à M. le cardinal de Bouillon sont faux, et qu'ils ont été écrits par lui de Bar en la manière qu'ils nous ont été représentés, déclarons qu'en conséquence de ce bruit, pour notre satisfaction particulière, et sans en avoir été sollicités, nous les avons derechef examinés très attentivement et très soigneusement, et que bien loin de douter du jugement que nous en avons porté, nous nous y sommes encore plus affermis ; déclarons en outre que nous sommes très persuadés qu'il n'y a ni ne peut y avoir aucun faussaire assez habile pour donner à des titres supposés l'air et les marques d'ancienneté et de vérité qu'ont ceux dont il s'agit, et que quand même il serait vrai, ce que nous ne croyons pas, que ledit sr de Bar aurait fait cette déclaration, nous ne l'en croirions pas, attendu qu'on sait qu'un esprit faible et timide pourrait, dans de justes appréhensions de quelque peine afflictive, s'il se trouvait être coupable et convaincu d'avoir commis les malversations dont sont accusés ceux qui ont été arrêtés avec lui, se porter par de méchants motifs à parler contre sa conscience, espérant peut-être éviter par là un jugement désavantageux ; pour ce qui est des lettres de Saint Louis qui certifient que Guillaume de La Tour, prévost de l'église de Brioude, descendait des anciens ducs de Guyenne et comtes d'Auvergne, nous ne pouvons y rien dire de nouveau, n'ayant pas présentement en notre pouvoir le petit cartulaire de l'église de Brioude d'où elles ont été tirées. Nous déclarons néanmoins que nous les croyons d'une vérité certaine et incontestable. Ce que nous avons estimé devoir laisser par écrit, afin qu'après que Dieu nous aura retirés de ce monde, on ne puisse pas dire que nous avons laissé passer ce bruit sans mot dire, comme si nous fussions demeurés facilement d'accord de la prétendue supposition de ces titres, que nous croyons en notre conscience être très bons et très véritables. Fait à Paris le sixième jour du mois de novembre 1700. — BALUZE, F.-JEAN MABILLON, F. THIERRY-RUINARD ».

lesquelles n'apportent aucune obscurité au lustre de votre généalogie. » Une dissidence se produit-elle entre eux, au sujet de la valeur d'une charte de Vienne invoquée par Chorier dans son histoire du Dauphiné, et qualifiée de « mauvais aloi » par l'auteur d'une généalogie de la maison de La Tour du Pin, Baluze répond :

Si V. A. n'a rien de meilleur à m'objecter, je ne changerai assurément rien dans le discours que j'ai fait sur ce sujet dans le chapitre où je traite de Géraud de La Tour, car les raisons de cet auteur ne me paraissent pas de bon aloi, et je les crois même insoutenables ; et, s'il n'a rien à dire au sujet de la charte de Vienne rapportée par M. Chorier, si ce n'est qu'elle n'a pas paru de bon aloi, je lui répondrai avec autant et peut être avec plus d'autorité que je la trouve bonne et que je la maintiendrai telle jusques à ce qu'on m'aura fait voir par de bonnes preuves qu'elle est fausse, ce que je ne crois pas aisé, n'y ayant rien dans cette charte qui puisse faire penser à gens sans passion qu'elle n'est pas véritable.

22 août 1704.

Une longue conférence a été tenue, en conséquence des ordres du cardinal, dans le cabinet de Baluze, au sujet d'un personnage important de la généalogie, Acfred I$^{er}$ du nom, entre l'abbé Gallois, l'abbé d'Auvergne et M. de Serte. Il est décidé dans cette réunion qu'on se contentera « de dire en passant, sans s'y arrêter beaucoup, que M. Justel avait donné à Acfred la qualité de duc d'Aquitaine. » Cette résolution était de nature à contrarier le cardinal qui eût désiré que le chapitre de Justel, traitant d'Acfred, fût inséré dans l'Histoire de sa maison. Les termes de la lettre que lui écrit Baluze, pour l'en informer, sont précieux à retenir.

Je supplie très humblement V. A. de me permettre de lui représenter qu'il ne convient pas que je fasse imprimer en cet endroit le chapitre de M. Justel où il parle de cet Acfred. Je ne réimprime pas l'ouvrage de M. Justel. Le mien est un ouvrage tout nouveau. Si je faisais cela, ce serait comme si je faisais un habit neuf d'écarlate, et que je mîsse sur le devant une grande pièce de vieille étoffe noire... ce serait un corps étranger. Cela me rendrait ridicule. V. A. me marque qu'elle voudrait qu'en parlant de cet Acfred, je disse que quelques savants modernes prétendent qu'il était propre frère de Guillaume le Pieux, et que cette opinion peut être fortifiée par l'usage de nommer frères et sœurs, les maris et les femmes de nos sœurs et frères. Je n'ai encore vu aucun auteur qui ait mis par écrit et publié cette opinion. Et, par conséquent, je ne peux pas mettre ce que je ne trouve pas; car, pour avancer une proposition de cette nature sans avoir aucun auteur sur lequel je me puisse appuyer, c'est une hardiesse dont je ne suis pas capable (1).

Baluze envoie au cardinal, au fur et à mesure qu'il les écrit, les cahiers de son ouvrage, avec des notes permettant à S. A. de se référer aux titres cités. M$^{gr}$ de Bouillon se livre à un examen attentif des preuves qui lui sont fournies, et demande à prendre connaissance, pour les confronter avec ces dernières, de celles présentées par M. du Bouchet, dans son *Histoire des comtes d'Auvergne*.

V. A., répond Baluze le 13 février 1706, m'ayant fait ordonner de lui envoyer quelques cahiers des preuves que M. du Bouchet avait fait imprimer, je vous envoie, Monseigneur, celles du premier livre, où V. A. verra beaucoup de choses inutiles... Mais il voulait faire un gros volume.

Et s'expliquant avec une rude franchise sur la qualité de ce recueil de du Bouchet, dont le cardinal avait eu, un instant, la velléité de faire état, il ajoute :

Aussi bien on ne saurait trop supprimer ce recueil de preuves. Il est si mal fait, et avec une si grande négligence, que j'ose dire à V. A. qu'elle a obligé le public en le supprimant;

---

(1) La date de cette lettre manque.

car M. du Bouchet avait fait de son chef de si grands changements et de si grandes altérations dans plusieurs de ces titres que, si ce recueil avait paru, il aurait jeté les curieux et les hommes de lettres en beaucoup d'erreurs contre la vérité de l'histoire.

Et, en une autre partie de sa lettre du 22 août 1704, envisageant son grand âge, les dures maladies auxquelles il a miraculeusement échappé, craignant de voir son travail interrompu par la mort, continué peut-être par des mains moins scrupuleuses, il écrit que le temps presse et que le moment de se hâter est venu. Le passage a de l'émotion et de la fierté.

Etant âgé de soixante-quatorze ans, et ayant été affligé, dans l'espace de deux ans, de deux très fâcheuses, très longues et très dangereuses maladies, il n'est pas à présumer que ma vie puisse être désormais bien longue. Et c'est ce qui me fait vous répéter que si V. A. veut que l'*Histoire généalogique* de sa maison soit bien imprimée, ce qui ne se peut bien faire que par mes soins, elle doit se hâter. Je ne dis pas cela pour me faire par là de la réputation, Dieu y a pourvu d'ailleurs, mais par un pur zèle pour le service de V. A.

Ces citations des lettres de Baluze nous montrent, il faut bien en convenir, un autre homme que celui dépeint par Saint-Simon, un esprit réservé, indépendant et sage, désireux sans doute de mener à bonne fin son entreprise, mais plus soucieux d'être exact que de plaire, et de son renom de probité que de sa renommée d'écrivain. Les préoccupations et les sentiments qui s'y rencontrent ne sont pas d'un courtisan et d'un complaisant ; ils découvrent pour des gens sans prévention une intelligence qui aime la lumière et ne la craint pas, une âme attachée à l'honneur et qui veut rester libre, un serviteur consciencieux qui s'applique à concilier les devoirs de la reconnaissance avec ceux de la vérité.

Mais alors que deviennent les hallucinations du duc de Saint-Simon, ses visions de défaillances immorales et de connivence criminelle?

Dupe ou complice, telle était bien sa première hypothèse que nous avons rapportée, et tel est, en effet, au seul point de vue qui nous touche, quant à l'intégrité de Baluze, le dilemme qui se pose devant l'historien des Bouillon. Or, nous devons reconnaître que les lettres des deux principaux intéressés, — si elles laissent éclater leurs désirs, leurs préoccupations, une sorte de fierté et d'entente commune dans l'accomplissement d'un grand dessein, parfois aussi leurs dissentiments, — ne nous représentent nulle part à l'œuvre deux complices attelés à la vile besogne des faussaires. Sur quoi donc repose l'accusation de complicité imputée à Baluze? quelles en sont les circonstances constitutives? par quels actes significatifs et quelles paroles imprudentes s'est-elle révélée? On serait fort en peine d'en donner de bonnes raisons, et de produire autre chose que des semblants de preuve, des coïncidences dénaturées par la passion, des apparences exploitées par l'envie, des préventions obscures et venimeuses.

Ce qui est avéré, c'est que Baluze ne connaissait pas le sieur de Bar, lorsqu'il a composé l'*Histoire généalogique de la maison d'Auvergne*. Il n'était pas en rapport avec lui.

Il n'avait reçu en son particulier aucune pièce de ses mains. C'est du cardinal qu'il tenait les titres de la maison de Bouillon. C'est le cardinal qui était maître de l'exécution de l'ouvrage, en dirigeait l'impression et qui, lorsque l'*Histoire* fut achevée, décida du moment où elle devait paraître. Nous savons quelles précautions avaient été prises pour donner toute la publicité possible aux pièces suspectes. Rien ne s'était passé dans l'ombre. On avait fait appel à la critique. Le dépôt des pièces en un lieu accessible ne pouvait être envisagé que comme un témoignage des bonnes intentions de celui qui l'avait ordonné. Leur publication éclairée, commentée par les divers écrits qu'elle avait suscités, ne ménageait de surprise à personne.

Ce n'était pas, du reste, le seul fondement de l'ouvrage, comme le soutient Saint-Simon. Baluze explique cela dans son admirable préface de l'*Histoire de la maison d'Auvergne*. Elle serait à citer tout entière. Il y raconte comment il a été amené à écrire son ouvrage, et que depuis longues années il s'y préparait ; que dès le commencement de ses études, alors que la *Généalogie des vicomtes de Turenne*, par Justel, venait d'être nouvellement imprimée, il prit plaisir à la lire comme étant du pays ; et que, plus tard, voyant la maison des vicomtes de Turenne fondue en celle de La Tour d'Auvergne, sa curiosité le poussant plus loin, il se trouva engagé bien avant dans la connaissance de cette illustre maison.

Je sais, dit-il, que mon entreprise est grande, difficile et périlleuse, étant quasi impossible d'écrire sur cette sorte de sujets sans s'exposer à la mauvaise humeur des méchants critiques,

> Qui cuident élever leur nom,
> Blâmant les hommes de renom,

comme disait Marot écrivant contre Sagon.

Ce qui ne m'étonne pourtant pas et ne m'a pas empêché d'y travailler avec beaucoup de soin.

Ayant toute ma vie fait profession de n'écrire rien que de vrai, tout cela autant que j'ai su le connaître, je me suis senti assez de cœur pour entreprendre un ouvrage si grand et si périlleux. Ma conscience et ma réputation me mettent à couvert des insultes de ceux qui croient se pouvoir faire un nom dans la république des lettres en réfutant les ouvrages d'autrui, et principalement les ouvrages de ceux qui se sont attiré l'estime et l'approbation du public.

Il y a mis beaucoup de peine et de soin, les titres dont son histoire est composée n'étant pas tous ramassés en un endroit « mais étant au contraire dispersés en divers endroits bien éloignés les uns des autres ». Outre ce qui est tiré de l'Auvergne et de Turenne et de plusieurs autres endroits du royaume, la plus grande partie des preuves a été prise du Trésor des chartes de France et des anciens registres du Parlement de Paris. « Je n'avance, ajoute-t-il, rien sans preuve, non, pas même les conjectures. »

Et il énumère les principales pièces justificatives de son ouvrage. La preuve que la maison de La Tour descend des anciens ducs d'Aquitaine, comtes d'Auvergne, est divisée en deux parties « dont l'une est générale et l'autre résulte des titres qui prouvent la descente des seigneurs de La Tour d'un comte d'Auvergne, frère de deux ducs d'Aquitaine, comtes d'Auvergne, et neveux de Guillaume le Pieux, fondateur de la célèbre abbaye de Cluny. La preuve générale est dans les lettres du roi saint Louis qui confirment l'élection de Guillaume de La Tour, prévôt de l'église de Brioude, dans lesquelles il est dit expressément que ce prévôt descendait des anciens ducs d'Aquitaine, comtes d'Auvergne. » Il la tire encore d'une bulle du pape Innocent VIII en faveur d'Antoine de La Tour, dit le Jeune. Il est certain pour lui que les seigneurs de La Tour d'Auvergne d'aujourd'hui descendent en droite ligne d'un seigneur de La Tour, neveu du prévôt de Brioude. D'anciens titres, en particulier ceux de la fondation du monastère de Sauxillanges en Auvergne et de la fondation de l'église de Chanteuge dans la même province, justifient à ses yeux cette filiation. Il ne craint pas d'invoquer les très anciens fragments du cartulaire de Brioude trouvés dans le cabinet de feu M. du Bouchet après sa mort. « La médisance et l'envie ont attaqué ces titres et il faut voir qu'encore bien qu'on n'eût pas ces titres, on a de quoi prouver que les messieurs de Bouillon, ou seigneurs de La Tour d'Auvergne, descendent des anciens ducs d'Aquitaine, comtes d'Auvergne, y ayant des preuves équivalentes qui les dédommageraient de ces titres, s'ils ne les avaient pas. » Puis, il fait mention des pièces qui contiennent ces preuves équivalentes, d'un titre de l'église cathédrale de Vienne, cité par M. Chorier, en l'année 1674, dans son histoire du Dauphiné, et d'un autre, se trouvant à Cluny, d'Etienne, évêque d'Auvergne, petit-fils de Bernard I, auteur de la branche de La Tour.

Baluze, comme on le voit, travaille à découvert, aligne ses preuves. Les pièces ne sont pas seulement indiquées, elles sont visées et rapportées avec les réserves qu'elles comportent. C'est donc une fausseté de prétendre que l'*Histoire de la maison d'Auvergne* repose sur l'unique preuve des feuillets du cartulaire de Brioude. Il y avait longues années, depuis la publication faite par Justel, et bien avant la remise des feuillets au cardinal, que Baluze s'occupait d'en assembler les éléments. Saint-Simon reconnaît que le cartulaire devait être ignoré pendant la composition de la nouvelle Généalogie des Bouillon.

Où donc est la fraude concertée, machinée entre le cardinal, Baluze et Pierre de Bar, et où sont, à travers tant de circonstances qui ont précédé la publication de ladite *Histoire,* les traces de la complicité reprochée à Etienne Baluze? On les cherche en vain. On a soupçonné, dénoncé l'imposture, nous savons sous quelles influences et à quelles fins ; on ne l'a pas démontrée.

Un homme aussi avisé et aussi prudent que Baluze eût mieux fait sans doute de ne pas se prévaloir de pièces d'une notoriété fâcheuse, dont, à son jugement, il n'avait pas besoin, la preuve des origines de la maison de La Tour étant faite sans elles. Mais pour se rendre compte de son état d'esprit, des raisons qu'il écouta, des mobiles qui l'entraînèrent, il suffit, ce nous semble, de considérer les incidents multiples dont nous avons parlé : la déclaration conforme des premiers savants de l'époque sur l'authenticité des titres ; l'éclat du procès de Bar ; l'attention par suite attirée fortement de ce côté ; l'impossibilité d'égarer, après un tel bruit, la bonne foi des lecteurs de l'ouvrage ; les explications qui en accompagnent la publication et déposent de l'honnêteté de l'auteur. Il convient aussi de ne pas oublier la teneur des lettres échangées entre le cardinal et l'historien, les artifices dont on use pour amener le prince à résipiscence, les longueurs préméditées de l'instruction de Bar, les avanies dont M$^{gr}$ de Bouillon est abreuvé, les menaces à l'adresse de l'écrivain, les instances qui le pressent de renoncer à l'impression du livre, son intention franchement déclarée d'y donner suite, sa grande affection pour le cardinal, qui s'accroît par la persécution que son bienfaiteur endure ; enfin, au bout de tant de choses accumulées, que nous savons : la concession du privilège et la publication qui suit. Cette vue d'ensemble des péripéties traversées n'est pas faite, croyons-nous, pour diminuer Baluze ; elle ne montre pas un complice ; elle excuse l'écrivain, ne le condamne pas.

On pouvait à la rigueur, peut-être, sous prétexte d'erreur, revenir sur le privilège, le retirer, saisir les exemplaires de l'ouvrage ; mais s'en prendre à la personne même de l'auteur qui s'était conformé à la loi du temps, le traquer, le bannir, le déshonorer, c'était violemment dépasser la mesure et commettre une iniquité. On ne se donna pas la peine de réfléchir à cela. Les animosités dont

M<sup>gr</sup> de Bouillon était l'objet retombèrent en plein sur Baluze. Leur solidarité fut déclarée, sans autre forme de procès, par les ennemis du cardinal, qui, furieux de son évasion et de leur impuissance, se trouvèrent réduits à brûler leur dernière cartouche sur l'écrivain qui leur était resté en otage, et qu'ils traitèrent comme le fauteur avéré d'une complicité utile à leurs desseins.

Dupe, c'est autre chose. Baluze, il est vrai, a invariablement soutenu la sincérité des pièces du cartulaire. Les plus grandes autorités du temps en avaient la même opinion. Mabillon, qui était la probité même, y a toujours persisté. Les savants bénédictins de Saint-Maur s'étaient prononcés dans le même sens. Mais l'erreur peut être admise. La bonne foi et l'erreur ne sont pas inconciliables. Les moins naïfs et les moins ignorants des hommes sont trop souvent à la discrétion d'un faussaire habile. Mabillon, Ruinard Thierry, Baluze ont pu être trompés, dans l'appréciation qu'ils avaient à porter, par un coquin adroit comme de Bar, qui avait poussé l'art de sophistiquer les titres jusqu'à ses dernières limites, et dont l'outillage, saisi en même temps que de nombreux spécimens de son savoir, dans les perquisitions faites à son domicile, ont dénoncé l'extrême habileté professionnelle. Les meilleurs critiques s'y laissent prendre. On en a vu, de tout temps, de mémorables exemples. Les fausses Décrétales, forgées au viii<sup>e</sup> siècle, furent observées par les fidèles à l'égal des bulles les plus vénérées, exercèrent sur tout le moyen âge une autorité souveraine. Louis XIV n'avait-il pas prêté son patronage à une histoire de la maison de Bourbon, dont les pièces justificatives, ayant pour objet de rattacher les Bourbon à la dynastie carolingienne, étaient l'œuvre d'un insigne malfaiteur ! C'est Colbert qui flaira l'imposture et déféra les originaux suspects à l'examen de Mabillon et de Baluze qui en proclamèrent la fausseté. Il n'y a pas si longtemps qu'un membre de l'Institut de France, grand amateur d'autographes, a été berné de la façon la plus criante par un praticien de nos jours, digne descendant du sieur de Bar.

Que Baluze ait été dupe de la supercherie d'un maître faussaire, comme avait dû l'être plus facilement encore le cardinal, dont l'immense vanité n'était que trop portée à s'aveugler sur tout ce qui exaltait sa grandeur, l'hypothèse ne présente rien d'invraisemblable. Il n'y a qu'un nom de plus à ajouter au martyrologe des savants mystifiés. C'est à cette opinion que s'est arrêté un des écrivains les plus capables et les plus honnêtes de notre temps, l'infiniment regretté M. Tamisey de Larroque. A propos de la publication du *Mémoire inédit de Baluze* sur les faux titres de l'Histoire de la maison de Bourbon, il formule son jugement sur le cas du grand historien de la manière suivante : « Cet acte d'accusation aura peut-être rappelé au lecteur les pénibles aventures auxquelles Baluze fut mêlé, quelques années plus tard, à l'occasion de l'imprudent emploi qu'il avait fait du cartulaire de Saint-Julien de Brioude, fabriqué par le sieur de Bar pour les besoins de la vanité du cardinal de Bouillon. On a cité un passage d'un livre obscur d'Aviti (*Traité des mœurs des François de ce temps*), où l'auteur de l'histoire généalogique de la maison d'Auvergne est appelé *témoin à gages*. Cette odieuse injure est imméritée ; l'illustre paléographe fut entraîné, fut trompé ; il faut voir en lui la dupe, mais non le complice d'un audacieux et habile faussaire, et, Dieu merci, nous n'avons pas à rougir de l'homme, nous tous qui admirons tant l'érudit. »

# VI

La fausse Histoire des sires de Bourbon. — Jugement de Baluze
et de Mabillon. — Rôle prétendu du P. André. — Ses relations avec Baluze. — Sa correspondance. — Autre système
d'accusation. — Derniers échos de l'affaire du cardinal de
Bouillon. — Fidélité des amis de Baluze. — Démarches
faites en sa faveur. — Son retour à Paris en 1713. — *Histoire
de Tulle.* — Edition des *Œuvres de Saint Cyprien.* — Sa
mort.

On ne saurait aller plus loin sans risquer un
jugement téméraire et sans faire à Baluze, à cause
de ses relations avec le cardinal et des obligations
qu'il lui devait, un véritable procès de tendance.
Un auteur moderne, M. Giry, professeur à l'École
des Chartes, membre de l'Institut, n'a pas craint,
après quelque hésitation, d'entrer incidemment
dans cette voie [1]. S'expliquant sur les faux relatifs à l'*Histoire de l'origine de la troisième race
des rois de France,* par le marquis de Rouillac,
duc d'Epernon [2], il mentionne qu'un critique contemporain, M. Chazaud, archiviste à Moulins [3],

---

(1) *Manuel de Diplomatique,* par A. Giry ; Paris, Hachette, 1894.
Livre VII sur les « Documents faux ».

(2) Le marquis de Rouillac se disait héritier des *ducs* d'Epernon
et avait usurpé leur nom. Ses prétendus titres n'ont jamais été reconnus.

(3) *Etude sur la Chronologie des sires de Bourbon,* par M. A. Cha
zaud ; Moulins, 1865.

poussant plus loin que Mabillon et Baluze [1] ses investigations, a découvert le coupable et dénoncé comme tel un moine du couvent des Carmes de Moulins, le P. André ; puis, dans une note brève insérée au bas de la page, il expose que Baluze s'était mis, à l'occasion de son *Histoire de la maison d'Auvergne*, et pour obtenir certains documents, en correspondance suivie avec ce religieux, sur les bonnes grâces duquel, *l'ayant fort ménagé lors du jugement des faux*, il était en droit de compter. Ce qui ne laisserait pas, si la version était vraie, de mettre Baluze dans une fâcheuse posture. L'opinion du savant professeur mériterait certes d'être prise en considération, s'il était démontré que Mabillon et Baluze eussent reçu mission de trouver le faussaire et que le P. André eût été reconnu coupable. Mais leur mandat n'allait pas jusque-là : ils avaient uniquement à statuer sur la valeur des documents qui leur étaient soumis et à juger s'ils étaient authentiques ou non. Ils les déclarèrent faux, ne poursuivirent pas plus avant leur enquête. Les experts n'avaient pas à ménager un personnage qui n'était pas en cause, et qui n'y a été mis que cent cinquante années après leur sentence, par un chercheur consciencieux mais faillible. On a peine à comprendre, dans cette situation, que le P. André ait pu bénéficier « d'une indulgence excessive », et encore moins songer pendant vingt ans, comme l'avance M. Chazaud, à se venger de Baluze [2].

Ce qui importe, ce n'est pas de savoir si Baluze

---

(1) Les experts désignés par Colbert, qui reconnurent la fausseté des pièces. Voir ci-dessus, pages 91, 92.

(2) Notre aimable et savant compatriote, M. Alphonse Rebière, a bien voulu prendre sur ma demande, au sujet des relations du P. André et de Baluze, différentes notes à la Bibliothèque nationale ; je l'en remercie cordialement.

a correspondu au sujet de la maison de Bouillon avec le P. André, mais s'il lui a demandé ou s'il en a reçu sciemment des services louches, de la nature de ceux que peut rendre un faussaire. La correspondance invoquée par M. Giry se trouve dans l'étude de l'archiviste de Moulins sur la *Chronologie des sires de Bourbon* ; nous nous y sommes reporté ; la connaissance que nous en avons prise nous autorise à dire qu'elle est loin de justifier les assertions absolues de M. Chazaud, suivies avec un peu trop de confiance par l'éminent professeur de l'Ecole des Chartes.

Elle établit que Baluze s'est tenu en relation avec le P. André, au sujet de renseignements et de documents qui pouvaient lui être utiles pour son *Histoire de la maison d'Auvergne*, qu'il lui a été fait des envois de titres ou de copies de titres, et qu'il a reçu, à un certain moment, une lettre du R. P. exprimant le désir d'avoir en communication une pièce d'importance, dont Baluze paraissait vouloir faire état, contenant les preuves du mariage de Philippie, fille de Guillaume V, dauphin d'Auvergne, avec Archambaud de Bourbon, III<sup>e</sup> du nom, et par suite celles de la filiation souveraine des Bouillon. Jusqu'ici, et tel est en substance le résumé de la correspondance, il n'y a pas de quoi crier au faussaire. Cependant, M. Chazaud part de là pour alléguer que le P. André ruminait depuis vingt ans une belle revanche contre Baluze ; que celui-ci a été sa dupe volontaire, et qu'il lui a fallu faire le sourd pour se dérober à l'avertissement significatif qui lui était donné au sujet du mariage de Philippie, avertissement qualifié « d'ironique » par M. Chazaud, et où il voit un reproche « de faire sans preuve aucune de Philippie la femme d'Archambaud III. »

L'affaire, au vu des pièces, n'est pas si machiavélique qu'elle en a l'air sous la plume du critique de Moulins. Le simple rapprochement des lettres de Baluze et des inductions de M. Chazaud, dans leurs parties essentielles, démontrera le peu de fondement des propositions auxquelles ce dernier est arrivé.

D'abord, il convient de faire remarquer que la correspondance produite contre Baluze a été conservée, fournie par lui ; qu'elle fait partie de ce qu'on appelle ses *Armoires* à la Bibliothèque nationale ; et la première idée qui se présente à l'esprit, c'est l'étonnante légèreté dont il aurait fait preuve en léguant à la postérité, s'il était en faute, les preuves de sa culpabilité. De la part d'un homme prudent et perspicace en toutes choses, comme Baluze, l'invraisemblance dépasse ici la mesure. Je sais bien qu'on peut dire qu'il y a des lacunes dans la correspondance et que les bonnes preuves ont disparu. C'est, en effet, ce que laisse entendre M. Chazaud, à propos d'une lettre de Baluze, vainement recherchée, en date du 31 août 1701, concernant les titres de Souvigny [1] : « Espérons qu'un hasard favorable lèvera un jour ce dernier voile qui nous cache peut-être encore quelques-uns des secrets ressorts qu'on fit jouer dans cette affaire. » Il n'est pas défendu d'espérer, à la condition de ne pas prendre l'objet de son espérance pour chose accomplie et d'attendre, pour juger équitablement, que le dernier voile qui masque une partie de la vérité, peut-être la vérité tout entière, soit enfin tombé. M. Chazaud n'a pas eu la patience nécessaire, et, en place de l'entière lumière qui faisait défaut, il a mis dans son jugement une rigueur qu'on verra mieux par la suite.

La parfaite insouciance ou inconscience de Ba-

---

[1] Titres se référant à l'Histoire de la maison de Bourbon.

luze, nous livrant les secrets de sa conduite, en un sujet de cette gravité, est aussi inadmissible que le fait de l'abominable préméditation du P. André. On se demande sur quoi s'appuie l'auteur pour justifier cette noirceur à long terme, et pour supposer à Baluze cette naïveté d'aller bénévolement se jeter entre les griffes de son irréconciliable ennemi. Le P. André serait, en effet, un bien méchant homme, s'il était vrai qu'il eût médité, pendant un si long espace de temps, des projets de vengeance contre un expert qui, pouvant le mettre sur la sellette, n'en avait rien fait. On ne peut expliquer le vilain rôle prêté aux deux personnages en question que par un mauvais tour de l'imagination d'un critique, qui se trouvant conduit par ses travaux à dénicher les faussaires du temps passé, a jugé expédient de faire d'une pierre deux coups, c'est-à-dire de condamner d'abord le P. André pour les pièces de la maison de Bourbon, jugées fausses par Baluze, et de traduire ensuite ce dernier au tribunal de sa victime d'antan pour ses fourberies de la maison d'Auvergne, ce qui tend, en effet, la situation et la rend piquante ; mais il est à croire que le P. André eût mieux aimé être moins vengé des injures de Baluze et trouver dans son défenseur officieux un juge moins cruel à son égard.

Il est à remarquer, en effet, que la condamnation du P. André est toute récente, remonte à 1865, n'est par suite nullement imputable à Baluze, est le fait du seul archiviste de l'Allier ; qu'il s'était écoulé plus d'un siècle depuis la consommation des faux reprochés au religieux, et que la probité du P. André n'avait donné prise, de son vivant, à aucune suspicion sérieuse. Il passait pour un maître expert dans les vieux parchemins et les anciennes chroniques, pour un érudit recommandable. Aussi, des relations intellectuelles s'étaient-elles

établies entre lui et les paléographes du temps.
Il avait fait des écrits sur les Dauphins d'Auvergne. Baluze eut naturellement recours à ses bons
offices pour obtenir des informations et des titres
au sujet d'un travail auquel il appliquait tous ses
soins. Sa demande fut bien accueillie. Des documents lui furent expédiés. Les accepta-t-il de
confiance et les yeux fermés ? Ses lettres disent
le contraire, témoignent de sa réserve et de ses
scrupules ; il désire voir par lui-même, vérifier
les originaux ; il s'inquiète de leur provenance,
veut s'assurer de l'exactitude des copies, les contrôler au vu des minutes :

Du 27 février 1704. — Mon Révérend Père, j'ai reçu vos lettres
des 10, 17 et 22 de ce mois, et enfin la boîte de titres que vous
avez pris la peine de m'envoyer, dont je vous remercie très
humblement ; mais j'aurai l'honneur de vous dire que des copies
que vous m'avez envoyées *sont bien fautives* et que je voudrais
bien pouvoir les corriger sur les originaux, si cela se pouvait.
J'en fairai l'usage que je dois, et de vos observations qui m'ont
paru et me paroissent bonnes.

Puis s'expliquant, en particulier, sur un acte de
1149, il ajoute :

J'ai aussi lu, mon Révérend Père, vos anciennes *Remarques*
touchant les Dauphins d'Auvergne, et j'y ai vu qu'il semble que
vous ayez en mains l'original de l'acte de 1149 où il est fait
mention du sceau de ce Dauphiné. Comme cette clause, *qui
m'a toujours paru suspecte*, est de conséquence pour cette matière, je vous supplie de me faire savoir s'il est vrai que vous
ayez vu l'original de cet acte et où il est ; car il seroit décisif
s'il étoit vrai. Je voudrais aussi voir les lettres que vous citez de
Philippe-Auguste, du mois de mars 1189, où le comte Guillaume,
fondateur de l'abbaye Saint-André-les-Clermont, est appelé
comte de Clermont et dauphin d'Auvergne. Je vous prie de me
marquer le lieu où vous les avez trouvées.

Il est bien difficile de relever quelque chose de

répréhensible dans la teneur de cette lettre ; elle
ne présente rien que de normal et d'honnête ; elle
dénonce la prudence de Baluze, dépose de sa circonspection. C'est Baluze qui accuse les parties
fautives et exprime la suspicion dont l'acte de 1149
lui paraît entaché ; c'est cette suspicion qui le tient
en garde et l'amène à vouloir connaître les originaux, leur provenance, les noms des détenteurs,
afin d'en apprécier la valeur et d'en porter un
jugement, non à la légère, mais après vérification.

Le R. P. en éprouve un certain embarras. Il
plaide dans sa réponse du 2 mars 1704 les circonstances atténuantes :

> Je ne puis comprendre comment les copies des titres que je
> vous ai envoyées sont aussi fautives que vous me faites l'hon-
> neur de me le dire par votre lettre du 27 de février, que je reçus
> hier matin par l'ordinaire. Je sais que ces copies ne sont pas
> entières, et que par là on peut dire qu'elles sont fautives ; mais
> vous savez, monsieur, que les gens de notre métier ne tirent
> des actes publics que ce qui peut servir précisément à la preuve
> des faits qu'ils ont avancés, sans se mettre en peine du reste
> contenu dans ces mêmes actes, desquels ils font des extraits, et
> non pas des copies pour l'ordinaire ; et en effet les pièces que
> je vous ai envoyées, monsieur, à la réserve de quelques origi-
> naux, ne sont que de purs extraits, et non pas des copies
> entières ; mais ces extraits ont été faits par moi-même, et écrits
> en même temps, et fort exactement, sur les originaux, qui sont
> demeurés aux endroits marqués à la tête de chacun de ces
> extraits, que j'ai encore, écrits de ma main, tels que je les ai
> dictés moi-même à deux de nos étudiants pour vous être envoyés.
> S'ils y ont fait des fautes en écrivant, il est aisé de les corriger
> sur mon extrait original, en me marquant les endroits fautifs de
> chaque pièce.

Abordant ensuite la question des Dauphins
d'Auvergne, il dit que ses *Remarques* datent de
1668, sont une œuvre de jeunesse et doivent s'en
ressentir ; qu'il enseignait alors la théologie aux

jeunes religieux de Clermont et lisait, pour se divertir, Justel, Savaron, les autres écrivains du pays, prenant des notes sur les uns et les autres, travaillant de concert avec le Prieur de l'abbaye de Saint-André, fouillant en toute liberté dans le Trésor des chartes de ce monastère, et s'occupant à réfuter ces auteurs, au vu des pièces, sur l'origine du Dauphiné et des dauphins d'Auvergne.

D'assurer à présent si ces pièces sont originales et toutes de bon aloi, je ne puis de bonne foi le faire, la mémoire ne pouvant me fournir, à présent, une idée bien sûre et distincte d'un fait arrivé en 1668. Tout ce que je puis dire est que les actes rapportés et mentionnés dans le cahier de ces *Remarques*, doivent être aux archives de Saint-André de Clermont, où je les ai vus et lus, et crus alors bons originaux et sans soupçon : c'est là où on doit trouver les deux actes décisifs de la question du commencement du Dauphiné d'Auvergne, savoir celui de 1149, et celui de Philippe-Auguste de 1189. Il y a des copies de ces actes en plusieurs endroits de l'Auvergne, mais les originaux ont été et doivent être encore à Saint-André de Clermont ; au moins, je les ai crus alors originaux ; il est aisé de s'en assurer sur le lieu même, et je connais encore assez le Prieur qui gouverne aujourd'hui le monastère, pour obtenir de lui la revue de ces actes, mais il faudrait, pour en juger sûrement, avoir là un homme du métier et connaisseur...

Baluze est précisément l'homme du métier et le connaisseur qu'il faut. Il ne se laissera pas égarer par des faux-fuyants. La représentation ou la reproduction fidèle des actes est pour lui de rigueur. C'est cette préoccupation qui dicte toutes ses lettres. Le R. P. met peu d'empressement à le satisfaire, fait attendre l'exécution de ses promesses. Il se réfugie dans des lenteurs et des excuses qui impatientent son correspondant, dans des équivoques de date pour les titres demandés, qu'il met au compte du religieux expéditionnaire.

Trois mois après, le 7 juin 1704, nouvelle lettre

du P. André annonçant l'envoi prochain des deux
actes réclamés par Baluze, et relatifs au premier
Dauphin d'Auvergne. Enfin, à la date du 28 septembre, il lui écrit de Besançon :

Je vous envoie les copies des deux actes que j'ai reçus de
Clermont ; l'un est de l'an 1149, et l'un de ceux que vous avez
souhaités, l'autre est de l'an 1249, confirmatif de la fondation
de l'abbaye de Saint-André : ce terme de confirmation de ladite
fondation a donné sujet à mon correspondant de vouloir trop
philosopher sur ce que je lui avais demandé, et au lieu de
m'envoyer la copie des lettres du roi Philippe-Auguste de l'an
1189, par lesquelles la même fondation fut confirmée, il m'a
envoyé celle de Robert que je ne demandais pas... C'est lui-
même qui s'est trompé et non pas moi ; et je lui ai écrit qu'il
fallait absolument m'envoyer la copie des lettres de Philippe-
Auguste de 1189 et je crois qu'il n'y manquera pas, et qu'il ne
prendra pas le change pour le coup...

Au sujet du sceau des titres de fondation de l'an
1149, le religieux assure que son correspondant n'a
pu en figurer la grandeur ni la forme, parce qu'il
était rompu ; que les sceaux de la plupart des titres ont été brisés dans l'incendie de 1703 ; qu'il
ne reste de celui du titre de fondation que quelques fragments sur l'un desquels l'on voit la tête
d'un dauphin, avec deux lettres autour du sceau
qui était de figure ronde, et paraît avoir été de la
grandeur des écus d'argent ou environ...

Baluze n'est content qu'à demi. On lui envoie
copie d'un acte qu'il n'a pas demandé, et celui de
1189 qui lui importe n'arrive pas. Ses réclama-
tions incessantes n'obtiennent satisfaction que le
15 mars 1705.

Je vous envoie, Monsieur, la copie de l'acte du roi Phi-
lippe, de l'an 1189, tel que je l'avais vu autrefois en original,
et conforme aux réflexions que j'y avais faites dans le mémoire
que je vous ai adressé sur l'origine des premiers dauphins
d'Auvergne...

Une fois en possession des titres, Baluze les étudie de près, et soumet ses difficultés au R. P., notamment en ce qui touche l'acte de 1149, dont il a obtenu la communication directe, après bien des hésitations et tiraillements de la part des religieux de Saint-André qui craignaient qu'il ne se perdît en route. Sa fausseté, quant à la forme et à son état actuel, ne lui paraît pas douteuse ; il l'a reconnue sans aucune peine. Toutefois, il croit que le fond en est vrai « et que ceux qui l'ont fabriqué, il y a environ cent ans, n'ont fait que l'étendre en quelques endroits un peu plus qu'il n'était dans l'original dont on s'est servi pour former celui-ci, afin de rendre plus claires certaines clauses... qui faisaient apparemment de la peine aux religieux de ce temps-là ». Baluze a déduit les raisons de ses doutes et de son appréciation dans son *Histoire de la maison d'Auvergne*.

Le P. André, qui se sent en présence d'un maître, se garde bien de le contredire et aime mieux se déjuger que de persister à soutenir, contre l'avis d'un savant si autorisé, l'entière validité du titre :

Il fallait avoir, écrit-il le 8 février 1707, toute l'habileté de M. Baluze pour reconnaître la fausseté du titre de 1149 fourni par les religieux de l'abbaye de Saint-André-lès-Clermont. J'étais trop jeune et trop peu versé dans la connaissance des monuments de l'antiquité, pour en reconnaître les défauts, lorsque je vis ce titre, il y a plus de trente-sept ans ; mais au fond, je ne vois pas à quelle fin de profit ou d'intérêt on a voulu fabriquer ce titre, et je suis ravi que les religieux de cette abbaye-là aient trouvé en votre mérite le protecteur de leur innocence et de leur sincérité, telles que je l'ai toujours reconnue en ceux que j'y ai connus depuis quarante ans, puisque vous me faites l'honneur, Monsieur, de promettre qu'ils seront contents, et moi aussi, des excellentes raisons que vous alléguerez dans le corps de l'histoire, pour établir la vérité du fond de ce titre, quoi qu'il vous ait paru faux dans la forme.

Les démarches, les instances et observations de Baluze dénotent surabondamment l'esprit de critique et de circonspection dont il a usé, au sujet des expéditions qu'il tient du P. André. Les chartes d'Iseure et de Souvigny n'avaient que faire dans l'incident. Nous savons de reste que, si Mabillon et Baluze les ont déclarées apocryphes, ils ne s'étaient pas préoccupés d'en rechercher l'auteur. Le R. P. qui les avait examinées avant eux, pouvait s'y être trompé comme d'autres, notamment comme M. de Bouville, intendant de justice en Bourbonnais [1], mais n'était pas suspecté. Comment Baluze se serait-il souvenu d'un fait qu'il n'avait pas été appelé à éclaircir ? Ce n'est pas lui qui a déclaré le P. carme faussaire. Il n'avait donc pas à se méfier outre raison des renseignements et des titres provenant de son correspondant. Ses lettres prouvent qu'il s'en est défié dans la juste mesure, en érudit prudent, tenant à se rendre compte par luimême et soucieux de ne s'en rapporter qu'à des copies duement contrôlées. On ne comprend pas que dans ces conditions l'auteur de la *Chronologie des Bourbon* se soit laissé aller à dire que « Baluze, *en connaissance de cause*, a fait usage, dans son *Histoire de la maison d'Auvergne* (mais avec certaines réserves) de ce titre de 1149 *qu'il savait faux et dont il devait au moins soupçonner l'origine*, bien qu'il le donne comme fabriqué au xvie siècle, on ne sait trop sur quel motif ».

La vérité est que Baluze ne savait pas la fausseté du titre dont il s'agit mais la pressentait, avait des doutes sur sa sincérité, et que, pour s'édifier à ce sujet, il demandait au

---

(1) M. de Bouville avait procédé, par ordre du roi, à une enquête au sujet desdites chartes.

P. André de lui dire s'il avait vu l'original de l'acte
et de lui faire savoir « où il est » ; qu'après vérification, il l'a cru bon et vrai quant au principal,
et n'a publié la pièce qu'avec ses raisons de décider,
ce qui est exclusif de la mauvaise foi et ce qui condamne la thèse de M. Chazaud. Mais le critique
s'empresse d'ajouter que le P. André, dès le
28 juin 1705, s'était employé de son mieux à
*dessiller les yeux de Baluze* et lui avait lancé à
cette fin un avertissement ironique « dont celui-
ci par malheur n'a pas songé à tenir compte ».
Il est curieux de voir en quelle forme cet avertissement a été présenté et quel cas il convient d'en
faire. Voici le passage de la lettre du 28 juin qui
s'y rapporte : « Si vous avez, monsieur, des preuves du mariage de Philippie, fille de Guillaume V,
comte d'Auvergne, avec Archambaud IIIe du nom,
je souhaiterois d'en avoir la communication, car,
quoi que j'aie fait la généalogie de cette ancienne
maison de Bourbon avec les preuves, j'avoue que
je n'aie rien de ce mariage ». Cette invite du
P. André paraît au critique de l'Allier des plus
caractéristiques. Pour lui, elle signifie : — Vous
n'avez pas de preuve de ce mariage. Il est impossible que vous en produisiez. Quand le généalogiste des Bourbon n'en détient aucune parcelle,
comment pourriez-vous en avoir ? Prenez garde,
vous allez tomber dans les faussetés. — Et la
preuve qu'il se fait à lui-même ce raisonnement,
c'est que, bien qu'il ignore ce qui s'est passé à la
suite de la lettre du 28 juin 1705, celles en
réponse n'étant pas représentées, il en vient *pro-
prio motu* à formuler sa conclusion comme il suit :

*Nous ne connaissons pas* la réponse de Baluze, mais ce que
*nous savons bien*, c'est que le P. André avait on *ne peut plus
raison* de lui reprocher de faire sans preuve aucune de Philippie
d'Auvergne la femme d'Archambaud III, *erreur qu'ont parta-
gée du reste tous les généalogistes de la maison de Bourbon.*

Baluze a été complètement *(faut-il dire sans le savoir ?)* la dupe du P. André dont il aurait dû se méfier davantage ; il a mis en œuvre des documents apocryphes qui lui étaient envoyés, et dont *il proclamait la fausseté lui-même,* et par contre il n'a pas songé à utiliser *le seul renseignement véridique et sincère que lui eût fourni son perfide correspondant.*

Une remarque est ici à faire. Il ne s'agissait d'abord, dans le mémoire de M. Chazaud, que d'un simple avertissement, sans signification précise, comme on a pu s'en convaincre. Il lui plaît maintenant de lui donner une qualification différente et d'y voir un *renseignement,* « le seul renseignement véridique et sincère, que lui eût fourni son perfide correspondant ». Or, la lettre du R. P. étant muette sur la preuve de la véritable alliance de Philippie, on est amené à penser que le prétendu renseignement n'a été dépisté qu'après coup.

M. Chazaud, en effet, croit avoir mis la main sur le document capital, et il raisonne comme si le P. André l'avait en vain placé sous les yeux de Baluze. Il invoque une charte dont les archives de l'Allier possèdent une copie du xie siècle, et se fonde sur cette pièce, signée, entre autres personnages, « *d'Archambaud III et de Béliarde, sa femme,* » pour en conclure que tous les généalogistes se sont trompés en donnant au dit Archambaud une femme nommée Ermengarde par Blondel, Ermengarde de Sully par Justel, Ermengarde d'Auvergne par du Bouchet, et Philippie d'Auvergne par Baluze, Favin, La Thaumassière, le P. Anselme et l'*Art de vérifier les dates.*

Nous n'avons pas la prétention de rouvrir le débat et de découvrir, entre ces noms divers, quel fut celui de l'épouse d'Archambaud III. Il est probable que la question ne sera pas de sitôt élucidée. Le document versé par M. Chazaud n'a fait qu'y ajouter une dénomination et une obscurité de plus. Il ne porte pas de date et ne fournit pas d'indication pour lui en donner une. Ce sont là de mauvaises conditions pour assigner à une copie de cette nature, sujette d'autre part à tant d'erreurs, — contrairement à l'opinion la plus accréditée, — une autorité prépondérante.

Ce qui est à signaler très particulièrement dans les observations de M. Chazaud, c'est que l'honnêteté de ces anciens généalogistes, Baluze excepté, n'est pas mise en doute et que ce dernier seul est soupçonné d'erreur volontaire. Le critique appuie son opinion à l'égard de Baluze sur ce fait, consigné en une note autographe de l'historien limousin, que Baluze, arrivé à Paray-le-Monial le 6 septembre 1703, se rendit à Cluny le 12 du dit mois, et que le P. André s'y trouva le 14 par ordre de M<sup>gr</sup> le cardinal de Bouillon. Il ne peut s'empêcher de voir dans cette rencontre la preuve d'un concert ourdi dans l'intérêt du cardinal, pour fabriquer à son profit une généalogie de complaisance ; mais cette induction est des plus aventurées. Elle présuppose la fraude, et le seul fait du rendez-vous de 1703 ne suffit pas à l'établir. La rencontre est amplement justifiée, sans qu'il soit besoin d'imaginer des dessous malicieux, par la notoriété des travaux du P. André sur la maison d'Auvergne, le désir qu'avait Baluze de se procurer tous les documents qui s'y rattachaient, et l'espoir de trouver, d'examiner par lui-même, avec le concours du P. André, des pièces utiles à l'ouvrage qu'il était occupé à écrire. Une idée préconçue de malversation a pu seule amener le critique à lancer son dire. Elle devait naturellement venir à son esprit, étant donné le piètre cas qu'il fait du savant religieux. Le portrait

qu'il en trace est repoussant. Il est curieux de voir
tous les méfaits dont le P. André, à l'en croire, se
serait rendu coupable. Tout son temps se serait
passé à tromper les savants, ses confrères. Ce
rusé paléographe n'aurait même pas eu la peine de
devenir faussaire : il l'était de naissance. « Le
P. André, dit son critique, était né faussaire. Il
s'étudia dès sa jeunesse à fabriquer de faux diplômes, et tout ce que nous connaissons de lui nous
fait croire qu'il continua jusqu'à son dernier jour
son honnête industrie. »

Dans quelles conditions le R. P. fit-il ce bel
apprentissage et exerça-t-il son florissant commerce ? L'ancien archiviste de l'Allier ne nous
renseigne pas à ce sujet. Ce qui nous porte à penser qu'il n'en savait pas long sur les commencements de l'apprenti faussaire. Mais alors il eût été
plus juste de ne pas raisonner comme il l'a fait,
de prendre l'inverse et de dire : Ce que nous connaissons de lui nous fait croire que le P. André
était né faussaire et qu'il a dû s'y prendre de très
bonne heure pour perfectionner ses aptitudes na-
tives et acquérir une habileté qui a dupé les plus
experts, compromis les plus honnêtes. Il est vraiment on ne peut plus étrange qu'un industriel
aussi dangereux, tout d'une pièce, et faussaire du
berceau à la tombe, qui a passé son entière vie à
fabriquer des chartes et des diplômes, soit parvenu à masquer son jeu, au point de le dissimuler
aux esprits les plus clairvoyants et de faire accep-
ter sa marchandise par les savants du xviie siècle
aussi bien que par ceux du xviiie, par dom Triperet
dans ses Mémoires sur Souvigny, les auteurs de
l'*Art de vérifier les dates*, le *Gallia christiana*, la
*Collection des historiens de France*, et encore par
des érudits modernes, comme l'illustre Guérard,
un des maîtres diplomatistes de la science con-

temporaine. Mabillon lui-même, le fondateur de la diplomatique au xvii<sup>e</sup> siècle, aussi estimé pour ses vertus que pour son savoir, n'a pas su se garer de ses embûches. Il est vrai de dire que le P. André imaginait les traquenards les plus adroits pour y attraper ses anciens juges et les mortifier de la belle façon, ce qui fit que Mabillon y fut pris comme Baluze et inséra dans ses *Annales bénédictines,* pour la plus grande gloire de son heureux persécuteur, « un des produits les mieux réussis de l'industrie malhonnête du R. P. ». C'est ce que raconte M. Chazaud. Seulement, le critique fait entre les deux érudits une distinction qui n'est pas juste, en prétendant qu'on pourrait sans trop d'invraisemblance accuser Baluze d'avoir mis un peu de bonne volonté à se laisser tromper, tandis que la bonne foi de Mabillon aurait été simplement surprise par les manœuvres du moine astucieux.

Cette divergence d'appréciation ne s'explique pas, si l'on considère que Mabillon et Baluze ont eu en main les pièces suspectes d'Iseure et de Souvigny, les ont examinées en commun et en ont porté le même jugement ; que la probité de Baluze n'était pas moins reconnue que celle de son ami, et que, si elle a été discutée depuis lors, cela ne tient ni à ses actes ni à l'opinion qu'en avaient ses contemporains, mais au rôle que les passions du temps lui ont fait jouer dans l'affaire du cardinal. Ils devaient avoir, l'un et l'autre, les mêmes raisons pour se défier des titres qui sortaient du P. André, puisqu'ils les avaient jugés ensemble. Si l'un est resté honnête en les employant, on ne voit pas comment l'autre, en en faisant usage, aurait perdu le bénéfice de la bonne foi.

Le lecteur appréciera. Nous avons placé sous ses yeux l'important des pièces. Certains passages des lettres du P. André ont été soulignés par nous à dessein, pour faire mieux ressortir la hardiesse conjecturale des interprétations dont ils ont été l'objet. Le mobile qui a guidé la plume du docte critique est sans doute louable. Il n'y a rien de mieux que de mettre au pilori les faussaires. Encore ne faudrait-il pas s'obstiner et forcer les couleurs pour forcer l'accusation. Le jeu des conjectures est dangereux ; il faut s'en défier autant que des présents documentaires du P. André. Après tout, a dit Montaigne, c'est mettre ses conjectures à bien haut prix que d'en faire cuire un homme tout vif. Il eût été plus logique, et d'un esprit plus avisé, de s'en tenir aux raisons de douter, et de ne pas pousser à fond les choses, surtout après avoir présenté, sous forme dubitative, Etienne Baluze comme la dupe du P. carme *(faut-il dire sans le savoir ?)* et signalé l'erreur dans laquelle il serait tombé comme étant *commune à tous les généalogistes* de la maison de Bourbon ; ce qui place le critique de Baluze dans un isolement qui pourrait ne pas tourner à son avantage, et l'accule à cette contradiction singulière de prêter, d'une part, au P. André, les plus noirs projets de vengeance et, de l'autre, de mettre sous sa plume un « avertissement ironique », disons charitable, qui signale à sa victime, juste au moment de la revanche, l'embuscade où elle va tomber. Voilà un imbroglio bizarre et, pour ainsi dire, comme un piège posthume tendu à son juge de Moulins par le plus roué et le plus rancunier des moines ! Cette malice d'outre-tombe achève à souhait le joli portrait que nous avons vu.

Nous n'avons pas à nous occuper autrement de la cause peu intéressante du R. P. Ce que nous en avons pris réside uniquement dans les attaches qui ont paru la lier à celle de Baluze. On la dit toutefois sujette à revision. Il n'est pas rare de voir des critiques qui se réfutent les uns les autres,

à propos de la même matière, surtout lorsqu'elle
est ancienne et que nombre de pièces ont disparu.
M. Chazaud a déjà trouvé un contradicteur dans
l'Allier même. C'est M. le chanoine Morel qui,
dans son *Histoire du Montet-aux-Moines* [1], pu-
blie des notes sur le cas du P. André et le présente
sous un jour nouveau : ce qui a fait dire à M. Bouchard, auteur d'une étude sur les *Carmes de
Moulins* [2], qu'il était seulement fâcheux que le
chanoine contradicteur n'eût pas publié son travail du vivant de l'historien de la *Chronologie des sires de Bourbon*. D'accord ; le débat
aurait pu être curieux ; mais, pour y prendre
part, il aurait fallu être né, comme dit l'agneau de
la fable, et l'*Histoire du Montet-aux-Moines* n'é-
tait pas près de venir au monde, car elle n'y a fait
son entrée qu'en 1886, vingt ans après la dite
Chronologie. Cet honorable mais vain scrupule n'a
pas arrêté un instant, que nous sachions, la critique de l'archiviste de l'Allier, qui a mis plus d'un
siècle à naître.

Tels sont les derniers échos du procès fait au
cardinal de Bouillon et à Baluze, d'une affaire qui
avait grandement excité l'attention des contemporains, les passions des partis en lutte et de leurs
adhérents. Tout cela est bien affaibli et amorti de
nos jours, après tant d'années écoulées : L'intérêt
que la chaleur de la dispute et l'importance des
combattants tenaient en éveil, s'est retiré des
champs de bataille abandonnés et refroidi dans les
mémoires du temps. Seuls, quelques érudits, de
loin en loin, suivant les hasards de leurs décou-

---

(1) Moulins, Auclaire, brochure in-18, 1886.
(2) *Société d'émulation et des beaux-arts du Bourbonnais*, Bul-
letin-Revue. Les *Carmes de Moulins*, par Bouchard ; n° 5 du
Bulletin, mai 1897.

vertes, soufflent sur les tisons éteints et en rallument des étincelles. On a peine, quelque talent qu'on y mette, à piquer la curiosité endormie et à la ramener sur des questions qui occupent seulement les rares amateurs des menus problèmes historiques.

Il n'en était pas ainsi à l'époque, quand les questions étaient actuelles et, pour ainsi dire, vivantes, incarnées qu'elles étaient dans les individualités les plus hautes. La violence des accusations, les mille rumeurs des commentaires, les belles exagérations et inventions à la Saint-Simon, se donnaient alors libre carrière ; colportées avec fracas, elles n'avaient pas manqué de faire fortune dans un monde disposé à les bien accueillir, et l'on a vu les beaux fruits qu'elles ont portés. Mais le temps apaise tout, ramène heureusement les choses au point et les replace sous leur vraie lumière. Il est sage de se défier des récriminations des combattants, comme des jugements après coup. Les contemporains de Baluze, de tous ceux qui connaissaient son souci de l'exactitude historique, ses exigences en matière de preuve, les contemporains, dis-je, du grand scandale l'ont bien vengé de tout ce qu'il avait souffert. Il ne cessa de recevoir, dans son infortune, des savants avec qui il était resté en correspondance, les plus vifs témoignages de sympathie.

Bien peu lui furent infidèles. D'Hozier lui-même, qui s'était abstenu de prendre part aux vérifications de titres demandées par le cardinal, ne l'avait pas abandonné. Ses collègues du Collège royal multipliaient les démarches en sa faveur. L'abbé Jacques Lefèvre, docteur en Sorbonne, Jean Vittement, sous-précepteur des enfants de France, suppliaient M. d'Argenson de venir à son secours. On ne saurait lire, sans en être touché, la lettre que l'abbé Lefèvre écrivait à Baluze, le 9 novembre 1711 [1], et qui traduit si exactement, après tant de calomnies et de revers essuyés, le sentiment des gens de bien à son égard, l'opinion des hommes du temps les mieux placés pour apprécier la fatalité des événements dont il portait la peine, l'injustice des maux dont il souffrait :

M. Desgranges nous a envoyé hier son carrosse ; nous y avons été, M. Vittement et moi, chez M. d'Argenson qui nous a reçus le plus honnêtement du monde. Il nous a fait entrer dans son cabinet sitôt que nous fûmes annoncés, quoique son audience fut extrêmement chargée. M. Vittement voulut que je lui parlasse le premier, et voici en peu de mots ce que j'ai eu l'honneur de lui dire : — Nous venons vous supplier très humblement de vouloir employer votre crédit en faveur de M. Baluze ; tous les gens de lettres vous parlent par notre bouche. En mon particulier, j'osai lui dire qu'en qualité d'ancien docteur, professeur en théologie, et plusieurs fois syndic de la Faculté, je parlais pour l'Eglise universelle, et spécialement pour celle de France.

L'abbé Lefèvre parle ensuite avec chaleur de l'édition de *Saint Cyprien*, si impatiemment attendue par le monde savant, du livre de la *Concorde du Sacerdoce et de l'Empire*, et du *Marca Hispanica* si important à consulter pour les traités de paix que l'on pourrait faire avec l'Espagne.

M. Vittement prend à son tour la parole, s'étend sur les mérites et la probité de Baluze ; il présente à M. d'Argenson la liste de ses ouvrages.

Et enfin, écrit l'abbé Lefèvre, nous finîmes l'un et l'autre par où nous avions commencé, savoir que nous suppliâmes tous deux M. d'Argenson de vouloir par son crédit vous secourir en faveur des lettres et des gens de bien qui souhaitaient ardemment votre retour.

---

(1) Archives de la Bastille, tome X.

La disgrâce du malheureux écrivain dura deux ans encore. Dès qu'elle prit fin, Baluze rentra à Paris et eut la grande consolation d'y retrouver les relations qu'il y avait laissées, d'autant plus affectueuses qu'elles avaient été, durant son absence, plus cruellement éprouvées. L'amitié et le commerce des savants, du P. Montfaucon, du P. Lequien, de Denis de Sainte-Marthe, et de tant d'autres qui étaient alors la gloire de l'érudition et des lettres françaises, le renouveau des intimités de son foyer, le charme accoutumé de ses travaux, donnèrent à ses dernières années l'unique satisfaction et le seul dédommagement qu'il enviât dans sa catastrophe.

L'âge et le malheur avaient affaibli son corps sans porter atteinte à son esprit. Il put presque achever sa belle édition de *Saint Cyprien*. Il eut encore le temps de revoir son *Histoire de Tulle*, qui était peut-être de tous ses ouvrages, celui qui lui tenait le plus à cœur. C'était, on peut le dire, son œuvre favorite. Au cours de ses innombrables recherches, de ses occupations incessantes, il ne l'avait jamais perdue de vue [1]. Les matériaux, d'où devait sortir cet ouvrage, étaient disséminés dans les cartulaires des abbayes et des couvents, le Trésor des chartes des châteaux limousins, dans les collections de Paris et de la province ; il s'attacha avec une persévérance infatigable, sans nuire à ses autres tâches de tous les jours, à les réunir et en quelque sorte à les disposer, en vue de recevoir le monument dont il se proposait de doter sa ville natale. Dans cette œuvre consacrée à sa province, on découvre quelque chose de plus que dans ses autres écrits, une note

---

(1) *Les Œuvres de Baluze cataloguées et décrites*, par René Fage.

plus personnelle, une sagacité pleine d'ardeur, la chaleur généreuse d'un noble enfant du pays. Son érudition a ici un objectif qui le touche de près ; elle s'anime et parfois s'émeut, laisse voir les sentiments d'une âme filiale. L'*Histoire de Tulle* embrasse une période de huit siècles. Elle remonte aux origines de la ville et se poursuit depuis Adémar, vicomte des Echelles, jusqu'à l'évêque Daniel de Saint-Aulaire (900-1702), à travers les événements historiques et les faits régionaux qui se sont produits dans cette longue période de temps, mettant successivement en lumière les grandes familles et les hauts personnages à qui le Bas-Limousin doit une illustration si grande, les vicomtes de Turenne, de Comborn, de Ventadour, de Limoges et d'Aubusson, la série des Abbés et des Evêques qui l'ont tour à tour gouverné.

Ce livre d'une importance capitale pour les annales limousines avait été commencé dès les premiers temps des études de l'auteur, poursuivi à Toulouse, à Paris, dans son exil. Sa correspondance, ses demandes de renseignements, ses recherches continues témoignent de l'intérêt qu'il y attachait. L'ouvrage était très avancé, sinon achevé, dès l'année 1684. Nous en avons la preuve dans deux lettres publiées par M. Louis Greil [1], et adressées par Baluze à l'abbé de Fouilhac : « Je veux faire imprimer dans le courant de l'année prochaine, mandait-il au savant abbé le 2 décembre 1684, l'histoire de la ville et de l'église de Tulle qui est mon pays, et je voudrai n'y rien oublier, s'il se pouvait ». L'année suivante, le 9 juin 1685, revenant sur le même sujet, il écrivait encore : « J'espère que je ferai imprimer, pendant l'hiver prochain, mon *Histoire de Tulle* où vous

---

(1) *Bulletin de la Société de Brive*, tome XIX, 1897.

verrez assurément bien des choses qui serviront beaucoup à illustrer l'histoire de vos évêques [1] ; j'y parlerai des lettres du roi Raoul touchant Uxellodunum et des grandes raisons qu'il y a de les soupçonner de fausseté ». Le livre ne fut pas imprimé. L'historien ne put donner suite à son projet de publication. On ignore les empêchements qui l'ajournèrent ; il est toutefois possible de les conjecturer d'une façon plausible. L'année 1683 avait vu paraître la *Vie de Saint Etienne*, abbé d'Obazine, la *Nouvelle Collection des Conciles*. Baluze, à ce moment, mettait la dernière main aux œuvres de Marius Mercator, composait les *Vies* des papes d'Avignon, le *Marca Hispanica*, assemblait déjà les documents de son *Histoire de la maison d'Auvergne*, qui ne fut imprimée qu'en 1708, mais qui, pendant plusieurs années, avait fait l'objet de ses recherches et dont la préparation, qui n'était ignorée de personne, avait donné lieu à tant de violentes polémiques. La multiplicité de ses travaux, ses leçons de professeur au Collège de France, la direction de la bibliothèque de Colbert, les deux graves maladies qu'il fit en 1702 et 1704, telles furent certainement, entre autres circonstances, celles qui retardèrent l'impression de l'*Histoire de Tulle*. Quoi qu'il en soit, il eut la satisfaction de pouvoir la publier dans l'année qui précéda sa mort ; et, en travailleur émérite, il était encore occupé à son édition des œuvres de *Saint Cyprien*, lorsque, le 28 juillet 1718, la plume lui tomba des mains. C'était la fin.

Le vieil historien venait de faire ainsi ses adieux aux savants et au monde, de la seule manière qui convînt à ses goûts et à son génie,

---

(1) Les évêques de Cahors.

dans un ouvrage digne de ses devanciers, qui portait témoignage de la virilité de son intelligence comme de la noblesse de ses sentiments. Ce fut sa réponse au mauvais destin qui s'était acharné à sa perte et la seule revanche qu'il ambitionna de prendre contre l'iniquité des persécutions que son *Histoire de la maison d'Auvergne* avait déchaînées sur lui.

# VII

Autres tribulations de Baluze. — Ce qu'on disait de sa richesse
et de son crédit. — Sollicitations et déceptions. — Un sin-
gulier manuscrit du temps. — Le clan des mécontents à
Tulle. — Rapports de Baluze avec ses compatriotes. — Ses
sentiments à l'égard de sa famille. — Maladie de son frère. —
Ses nièces Perrine et Louise. — Opinion de MM. Léopold
Delisle et Clément-Simon. — Débuts de Maximin Deloche.
— Du rôle de Baluze dans les Lettres et de son influence.


D'autres tribulations, de bien minime importance en regard de celles dont nous venons de
parler, ne furent pas épargnées à Baluze. Ses
proches, ses compatriotes, ses amis le disaient
riche et tout puissant. La haute situation qu'il
occupait auprès de Colbert, le crédit dont il jouis-
sait, la renommée qui s'était faite autour de ses
travaux, lui amenaient une clientèle exigeante, ne
le livraient que trop souvent aux tracasseries
des solliciteurs et des envieux. On savait qu'il
servait d'intermédiaire entre les savants et le
ministre. Il passait pour le canal des grâces. Sa
cordialité, son obligeance naturelle étaient con-
nues ; on ne se faisait pas faute d'y recourir. De
Paris et de province, lui arrivaient des demandes
de places, de pensions, de bénéfices, pour lesquelles

il s'employait de son mieux, mais qui ne pouvaient, toutes, recevoir un accueil favorable. Certains quémandeurs ne se gênaient pas pour le suspecter d'indifférence, le rendaient responsable et lui tenaient rigueur de l'insuccès de ses démarches.

Ses compatriotes de Tulle n'étaient pas les derniers à frapper à sa porte. Il avait fait du bien à nombre d'entre eux. C'était un encouragement pour les autres. On ne se lassait pas d'en appeler à ses bienveillants offices. Sa bonne volonté était mise parfois à de rudes épreuves. Il y avait, comme on peut le penser, des mécomptes et des déceptions qui se retournaient ensuite contre lui et ne lui ménageaient pas les récriminations.

Nous devons à notre distingué et savant ami, M. Champeval, la communication d'un papier sans date ni signature, informe, mais portant bien, à n'en pas douter, la marque du temps où il fut écrit, et qui traduit, de façon assez exacte, ce qui se disait à l'époque dans le petit clan des médisants et des jaloux (il y en a toujours eu) de la ville de Tulle. Nous le reproduisons en partie, à titre de curiosité, dans ses passages les plus saillants et les plus déchiffrables. L'auteur anonyme, qui vient de parler des débuts pénibles et des embarras d'argent de Baluze, continue en ces termes :

Enfin, ne sachant où donner de la tête, ses amis lui firent donner pour subsister une bourse de cinq cents écus.

En 1667, Colbert voulut composer une bibliothèque. Etienne Baluze fut appelé pour en être le bibliothécaire, sur la recommandation de Pennautier. Il ramassa assez de livres et de manuscrits, qui firent beaucoup crier de gens, se servit de l'autorité expresse de ce ministre pour enlever de force dans les chapitres et monastères les livres et les manuscrits les plus curieux, et ne s'oubliant pas en cette occasion, il sut en bon économe faire ses affaires avec celles de son maître, qui lui donna beaucoup de marques de son amitié, ne passant guère de semaines qu'il n'allât s'entretenir familièrement avec son bibliothécaire. Il me l'a souvent dit, et les larmes aux yeux. Après la mort de Colbert, M. de Seignelay lui continua ses appointements ; mais après sa mort prématurée, on lui donna congé, et en 1700, il s'en alla louer une maison auprès du collège des Ecossais. Il y fut dangereusement malade en 1702 et en 1704.

En 1707, l'abbé Galois étant mort, quoique son grand ami, il lui succéda dans la principauté du collège royal, où il demeura jusqu'à l'âge de quatre-vingts ans, qu'il fut exilé en 1710, à cause de son *Histoire généalogique*. Il s'en alla à Rouen, logea chez un avocat très dévoué à la maison de Bouillon ; ce qui ne plut pas à ses ennemis qui le firent dénicher. Il s'en alla à Blois, et ensuite à Tours, enfin à Orléans où il demeura jusqu'à la fin de 1713 qu'il fut rappelé. Le P. Le Tellier fit cette bonne (œuvre) en haine du cardinal de Noailles qui avait été le principal promoteur de Baluze (et) qui lui fit inhumainement retirer sa pension du clergé de 600 livres, par la raison, dit-il à l'Assemblée générale, qu'il n'était pas juste qu'un homme qui avait si justement encouru la disgrâce du roi fût encore pensionné par le clergé...

· Le cardinal de Bouillon l'avait engagé d'écrire l'histoire générale de sa maison et lui donna un... prieuré de Salvy de 4 à 5,000 livres de rente. Il fit les frais de ce livre qui fut imprimé avec les privilège et approbations usitées en 1708. Personne ne trouva à y redire jusqu'en 1710. Quoique le cardinal de Bouillon eût fait cette belle équipée chez les (hold)... on s'en prit au pauvre Baluze et on l'accusa d'avoir inséré dans son Histoire des faux titres. Son livre fut flétri, mis au pilon, et lui exilé, dépouillé injustement de ses emplois de professeur en droit et de principal du collège royal, sans qu'on voulût écouter ses défenses et sans autre forme de procès. C'était grêler sur le persil, mais les Noaille ne pouvant se venger contre la maison de Bouillon voulurent écraser ce pauvre vieillard, se servant de la colère où l'escapade du cardinal de Bouillon avait mis le roi.

Puis, l'auteur du manuscrit raconte qu'une personne qui lui était fort attachée, désireuse d'obtenir une place chez le cardinal de Bouillon, le pria d'intéresser Baluze à sa demande, ce qu'il ne

put faire, à cause des témoignages d'indifférence
qu'il en avait précédemment reçus ; mais que son
ami ayant fait lui-même la démarche, Baluze refusa de le servir par la raison qu'on sut plus tard :
c'est qu'il avait demandé la place pour le fils de
Muguet.

Il est ensuite question de la fin de l'exil de l'é-
crivain et de sa rentrée à Paris :

Baluze, de retour à Paris, y fut reçu de ses amis avec de
grandes démonstrations de joie. Il continua de revoir son *Saint
Cyprien.*

Il mourut le 28 juillet 1718, âgé de quatre-vingt-huit ans,
peu regretté de sa famille et de ses parents qu'il avait toujours
regardés avec la dernière indifférence, mais très regretté des
gens de lettres pour lesquels il était fort obligeant, ne cher-
chant qu'à se faire aimer de ceux qui pouvaient lui donner des
éloges dont il étoit extrêmement avide. On trouva parmi ses
papiers un abrégé de sa vie écrite par lui-même, où l'on voit
régner cet esprit d'amour-propre et de désir de gloire, craignant qu'on ne le louât pas assez après sa mort.

Le document est peu lisible en sa seconde
partie ; il en ressort pourtant cette allégation
réitérée que Baluze faisait peu de cas de ses
compatriotes et de sa famille. Il y est encore parlé
d'une demande que celui-ci aurait refusé de présenter à Colbert, tandis que, pour son compte, il
obtenait le prieuré d'Espagnac, la prévôté occupée
par le frère de son grand ami le président Fénis.
On y met aussi en cause sa sœur Julienne « qui
voulut se faire clairine faute de lui donner une
petite somme... Baluze, y est-il raconté, a couvert
cette inhumanité dans l'*Histoire de Tulle* en disant
qu'il ne voulut pas (qu'elle quittât) sa mère ; mais
la ville sait le contraire et que (ce fut cette inhumanité ?) qui fit que tante Julienne, cette pieuse
fille, resta dans le siècle ».

Quant à la nièce cadette, Louise Baluze, c'est

bien pis. La noirceur de l'oncle Etienne à son égard, s'il fallait s'en fier au manuscrit, serait odieuse :

L'avocat du roi (1) l'avait très cajolée et ne demandait pour l'épouser que mille écus, que son oncle lui refusa toujours, tandis qu'il donnait dix mille écus à la fille de Muguet... Cette belle infortunée *(sic)* se vit réduite à épouser un homme veuf et chargé d'ans (2) et mourut malheureusement de chagrin...

La pièce est singulière, bigarrée, mêlée de faux et de vrai. Ce qu'elle dit de l'équipée du cardinal de Bouillon et des suites qu'elle eut pour Baluze donne idée assez justement, et de façon plaisante, du *scenario* dans lequel le vieil historien, à l'instar de ce qui se passe dans les comédies de Molière, reçut la volée de coups qui était destinée à un autre personnage ; c'était grêler sur l'hisope, mais, faute de mieux, et dans l'impuissance d'abattre le cèdre, dans la crainte peut-être de trop s'avancer et de trop pousser les rigueurs du côté d'une famille qui pouvait causer encore bien des embarras, on avait pris Baluze à la place et détourné sur son dos le gros de l'orage. Ce n'était pas chose nouvelle sous Louis XIV ; La Fontaine l'a fort bien mise en vers :

> Hélas ! on voit que de tout temps
> Les petits ont pâti des sottises des grands.

Mais l'auteur du manuscrit ne s'attarde pas sur la note juste et se livre à des caquetages, où sa rancune trouve mieux son compte. Elle éclate à souhait dans sa façon d'apprécier les procédés dont usait Baluze pour s'approprier livres et manuscrits. Je cherche vainement sur quel fondement il appuie cette accusation d'indélicatesse. Nous sa-

---

(1) Martial-François Melon, avocat du roi au siège de Tulle.
(2) Louise avait épousé Léonard Fraysse de Viane.

vons, en effet, que pour sa collection particulière, Baluze faisait prendre des copies ou les prenait lui-même ; que nombre de correspondants lui faisaient des envois gracieux, et que s'il achetait livres et manuscrits, au meilleur compte possible, il payait le prix convenu. Les nombreuses lettres de Baluze, publiées dans ces derniers temps en témoignent. Pour ce qui est de la bibliothèque de Colbert, sa correspondance à ce sujet, ses rapports au ministre, le justifient pleinement d'une pareille imputation. On se demande quel intérêt il aurait bien pu avoir à enrichir le cabinet de Colbert aux dépens d'autrui, et par voie de contrainte. Ce n'eût pas été le bon moyen d'arriver à ses fins. S'il lui a fallu parfois, pour se procurer des manuscrits précieux et pour faire certaines acquisitions, mettre de l'insistance ou de l'adresse vis à vis de possesseurs, qui se préoccupaient moins de l'intérêt général que de leurs satisfactions personnelles, Baluze certes, ce glorieux assembleur de pièces rares, n'a pas dû s'y épargner, et il s'en est suivi des récriminations qui ont trouvé quelque écho ; mais de là à la dépossession violente, à la spoliation, à la tromperie, il y a un large fossé. L'auteur du document que nous avons cité ne se fait pas scrupule d'imaginer qu'il a été franchi, et fait de sa supposition un grief à Baluze, ce qui est une conséquence de pure fantaisie.

Une fois sur cette pente, l'imagination du narrateur tulliste a beau jeu et met le comble à ses inventions par ce qu'il dit des rapports de Baluze avec les gens de lettres dont il achetait les suffrages au moyen des services qu'il leur rendait ; de son indifférence pour sa famille, qui ne lui était de rien ; de sa conduite envers sa sœur Julienne dont il contrariait la vocation religieuse ; de ses procédés à l'égard de sa nièce Louise qui ne pouvait se marier, faute de mille écus.

Tous ceux qui étaient de commerce et d'amitié avec Baluze le jugeaient différemment. Ils le considéraient comme le meilleur et le plus loyal des hommes, loyal par nature, bienfaisant par goût, comme un homme heureux de s'entremettre et d'obliger, toutes les fois qu'il le pouvait honnêtement. Saint-Simon lui-même est forcé de convenir qu'il s'était fait beaucoup d'amis parmi les savants et les gens de lettres, à cause des bons offices qu'il leur rendait ; si ses services eussent été intéressés, l'ennemi des Bouillon n'eût pas manqué de le dire, comme il a fait pour toutes les choses qui pouvaient déconsidérer le protégé de Colbert. Elias Dupin vante la douceur de Baluze, son humanité, son commerce agréable. Desessarts, dans *Les Siècles littéraires de la France*, le représente comme bienveillant et bienfaisant. « Il ne ressemblait pas, dit-il, à ces érudits avares de leurs lumières ; il communiquait volontiers les siennes, et aidait ceux qui s'adressaient à lui de ses conseils et de sa plume ». Depuis la publication des Lettres de Baluze à Melon du Verdier, moins que jamais, il ne peut s'élever de doute sur sa serviabilité, sur ses sentiments d'amitié et de famille. Placé quelquefois entre son intérêt et un penchant d'affection ou un devoir de gratitude, il n'a pas hésité à suivre les mouvements de son cœur. Ménage [1] raconte qu'ayant fait une épigramme contre Colbert sur ce que le ministre avait dit qu'il n'était pas poète, afin de ne pas le mettre au nombre de ceux à qui il donnait des pensions, il lui en fut tenu rigueur : « Je n'ai pas vu la Bibliothèque, parce que je ne le voyais point (Colbert) ; cela n'a point empêché que j'ai été bon ami de Baluze, comme je le suis encore ». D'où il résulte

---

[1] *Menagiana,* p. 59. Edition d'Amsterdam, 1693.

que Baluze, qui devait tant à Colbert, n'épousait pas ses mécontentements et ne cherchait pas à lui faire sa cour en répudiant des amitiés, qui s'étaient aliéné son bienfaiteur. Il faisait preuve, en agissant ainsi, de bon sens et de bon cœur, de même qu'en conseillant à sa sœur Julienne de rester auprès de sa mère pour lui tenir compagnie et la soigner dans ses vieux jours, au lieu d'entrer au couvent de Sainte-Claire, il faisait acte de bon fils et de bon frère.

S'il est un reproche qui doive être épargné à Baluze, c'est celui d'avoir méconnu, oublié sa famille. Il lui a témoigné, dans toutes les circonstances, de l'intérêt, de l'amitié, du dévouement. Tout ce qui se passe, tout ce qui se fait, tout ce qui se dit au foyer des Baluze, l'intéresse. Il ne veut non plus laisser rien ignorer de ce qui le touche personnellement. Sa nomination au Collège royal vient d'être signée ; la nouvelle en est aussitôt arrivée à Tulle ; il écrit à son neveu, M. Melon du Verdier : « Je suis très persuadé, Monsieur, que vous avez eu beaucoup de plaisir en apprenant que le roi m'avoit donné une chaire de professeur royal en droit canon. C'est une place qui me convient, et qui est fort honorable. C'est par là que je la regarde autant que pour l'intérêt. De plus honnêtes gens que moi l'avaient demandée. Aussi je peux bien en être content[1]. »

Ses sœurs, ses nièces lui sont toujours présentes à l'esprit, sont l'objet constant de ses attentions : « Je vous prie d'assurer mes sœurs et mes nièces que je me porte bien, et de dire à mes nièces que dans les occasions qui se présen-

---

[1] *Lettres inédites à Melon du Verdier*, p. 70. — La lettre est de fin janvier ou février 1690.

teront pour leur avantage, je leur donnerai des preuves effectives de mon affection pour elles. Vous êtes, monsieur, pleinement instruit là-dessus [1]. »

Il prend part aux plus modestes événements de sa famille ; il ne veut demeurer étranger à aucun des incidents qui regardent les siens. Si de petits différends surgissent, il intervient pour les aplanir. Ses conseils sont empreints d'une sagesse toujours affectueuse, ferme à l'occasion. Il entend que dans la maison des Baluze le respect de l'âge soit observé :

Je ne fais réponse ni à ma sœur ni à mes nièces. Je me contenterai de vous dire encore une fois que mes sœurs étant mes sœurs, tantes de mes nièces, et vieilles, il n'y a aucune raison qui puisse excuser mes nièces de n'avoir pas pour elles la déférence et la complaisance qu'elles leur doivent. Car il ne suffit pas qu'elles désavouent les faits que ma sœur articule. Il faut qu'elles reconnaissent par leurs actions la différence qu'il y a entre mes sœurs et elles (2).

Son frère est tombé malade à Tulle. Cette maladie traîne en longueur, le préoccupe : « Si elle ne finissait pas sitôt, je suis persuadé que mes sœurs lui quitteront la salle et se retrancheront dans la petite chambre où j'ai accoutumé de coucher lorsque je suis à Tulle, afin que mon frère ait une chambre à cheminée, comme il est bien juste par toute sorte de raison [3]. »

Il apprend qu'on n'a pas satisfait à son désir et insiste en ces termes dans une lettre à Melon du Verdier, du 29 novembre 1696 :

Je crois, Monsieur, que les incommodités de mon frère n'étant pas finies, et tombant dans une saison fâcheuse, et qu'il ne faut

---

(1) Lettre du 26 juillet 1698, p. 127.
(2) Lettre du 4 octobre 1696, p. 131.
(3) Lettre du 15 septembre 1696, p. 122.

pas qu'il souffre du froid, comme je le lui écris, il est important qu'il soit logé en un endroit où il ait toujours du feu. Je suis surpris que cela ne soit pas déjà fait, après ce que j'ai eu l'honneur de vous écrire (1).

Il y a un procès de famille, à propos de la terre du Mayne, où se trouve engagé son frère, procès enchevêtré, passionné, poursuivi par les parties adverses avec la dernière violence. C'est un de ses points noirs à Tulle, qu'il voudrait voir se dissiper :

Je persiste toujours à vous supplier, Monsieur, de mettre mon frère en repos, même à ses dépens. Il n'est plus jeune et je dois souhaiter qu'il passe tranquillement les années qui lui restent de vie (2).

Il revient fréquemment sur ce sujet, supplie son neveu de ne pas se rebuter, de se prêter à une transaction raisonnable, au prix même de sacrifices nécessaires pour la paix d'une maison qui lui est chère : « Il me tarde, monsieur, de voir finir les affaires de mon frère. Je vous prie de ne vous lasser pas. C'est une bonne œuvre, et aimant à faire de bonnes œuvres, vous devez être bien aise d'avoir cette occasion [3]. »

Enfin, lorsque un accommodement est sur le point d'intervenir, il en exprime vivement sa satisfaction. Mais il lui arrive, hélas ! du pays de Tulle moins de joies que de peines. Il en sait quelque chose. La douleur qu'il a eue de la mort

---

(1) Je suis l'obligé de M. Clément-Simon pour la communication tout amicale de son dossier d'Etienne Baluze, qu'il a mis à mon entière disposition, et suis heureux de lui en témoigner ma reconnaissance. — L'original de la lettre du 29 novembre 1696 fait partie de ce dossier.

(2) Lettre du 14 mai 1695, tirée de l'intéressante notice de M. J. L'Hermitte : *Six Lettres inédites de Baluze à M. Melon du Verdier, avec une Introduction et des Notes.*

(3) Lettre du 11 juin 1695. Notice de M. L'Hermitte.

de Perrine n'est pas encore apaisée. Cette nièce, qu'il affectionnait beaucoup, la femme de Melon du Verdier, a succombé en pleine jeunesse, à l'âge de trente ans, laissant un enfant, filleul de Baluze. La lettre adressée à son neveu, dans cette épreuve inattendue, est remplie d'une tristesse délicate et profonde :

Je n'entreprendrai pas de vous consoler, monsieur, sur la perte que vous avez faite, ayant autant besoin de consolation que vous dans cette conjoncture. Je vous dirai seulement que je ne doute aucunement que votre douleur ne soit bien grande, connaissant la bonté de votre naturel et la droiture de votre esprit. Il ne faut pas, s'il vous plaît, que cette mort nous désunisse. Nous vivrons comme auparavant, sans aucun changement. Vous n'en éprouverez pas de ma part, comme je suis assuré que je n'en éprouverai pas de la vôtre. Il nous reste désormais à bien prendre soin de mon fillol, lequel je vous recommande ; et je supplie mademoiselle votre mère de le vouloir aimer et chérir comme son propre fils, ainsi que je fais bien état qu'elle le fera (1).

On ne saurait plus dignement exprimer les choses douloureuses du présent et les devoirs nouveaux qu'elles amènent. La note est à la fois discrète, émue et réconfortante. Qui n'y sentirait battre et s'épancher le cœur d'un honnête homme, d'un ami sincère, une âme forte et belle dans son amertume, qui pleure la mère et la voit revivre dans l'enfant, héritier de ses tendresses ?

La sollicitude de Baluze est toujours agissante, s'étend à tous les actes des membres de sa famille, à toutes les éventualités qui les touchent. Voici une lettre qui le dit encore assez haut et que nous

---

(1) Lettre du 18 juillet 1693. — *Lettres inédites de Baluze à Melon du Verdier*, par René Fage.

citerons presque en entier, à cause des sentiments qu'elle contient, et des réflexions que suggère à son auteur une proposition d'emploi faite par M. Jaucent à M. Melon du Verdier :

A Paris, le 9 juillet 1695. — Vous pouvez bien penser, monsieur, que je serais très aise que vous trouvassiez votre compte dans les propositions que M. Jaucent vous fait. Il est venu céans me parler de la charge de receveur des tailles pour vous. Mais je vois bien que ce n'est plus sur ce projet qu'il pense à vous. M. l'abbé Guibert m'a dit céans que M. Jaucent pensoit à vous donner le soin de ses affaires. Et d'autres m'ont dit que c'étoit pour vous faire son commis en Flandres. Il est certain qu'il a beaucoup d'estime et d'affection pour vous. Reste à examiner si ce projet peut vous accommoder. Il y a une maxime générale qui est vraie par tout, que *Alterius non sit qui suus esse potest.* Véritablement, vous ne seriez pas avec lui comme un simple commis ; cependant, vous seriez dans sa dépendance, et il faudrait lui rendre compte exactement de tout ce que vous feriez. Et à vous dire franchement, le métier de contraindre les gens au payement des tailles et autres droits me paraît être bon pour un maltôtier, pour un homme qui risque tout pour faire fortune, mais non pas pour un honnête homme qui a du bien. Ajoutez à cela que tôt ou tard on recherchera et on taxera ceux qui se seront mêlés des affaires du roi, principalement en ces temps-ci que tout le monde sait que ils ont extrêmement gagné. Et pour lors, vous ou les vôtres serez taxés plus que vous n'aurez gagné, sans vouloir vous écouter, parce qu'on présumera que vous avez fait comme les autres. Et la maxime est : *Qui a mangé l'oie du roi, en rend la plume cent ans après* (1).

La lettre se termine par le conseil donné à son neveu de se faire bien expliquer les choses avant de se mettre en chemin, et de rester chez soi s'il ne s'agit, comme il y a apparence, que d'un emploi de commis, lequel ne serait pas de son

---

(1) Lettre publiée par M. L'Hermitte dans la notice précitée.

âge. Tout au moins faudrait-il être bien fixé sur les avantages à retirer des offres de M. Jaucent et ne rien entreprendre sans mûre réflexion. « De faire un voyage ici pour chercher un emploi, vous pourriez bien vous y morfondre ; car les emplois sont fort rares en un temps où l'argent est fort rare, excepté chez les gens d'affaires qui en regorgent. »

Tout cela est senti et bien dit. On y trouve le conseil prudent et l'affection vraie. La page est curieuse, elle a quelque chose de décidé et de fier qui plaît ; elle est sensée et judicieuse, avec le mot piquant et la maxime à effet ; c'est l'avis d'un esprit expérimenté, d'un ami attentif et d'un bon parent.

Quant à la nièce Perrine, dont la fin a été si prématurée, Baluze avait eu la satisfaction de la bien établir, de la marier avec M. Melon du Verdier, son correspondant le plus assidu de Tulle. Il restait à caser son autre nièce, Louise, qui ne demandait pas mieux et ne se souciait aucunement de coiffer sainte Catherine, mais qui avait sa tête et laissait courir les années, indécise entre ses prétendants. Baluze, consulté, a des préventions contre l'un d'eux, indique ses préférences, craint une alliance mal assortie :

Si tous les neveux d'alliance, écrit-il à Melon du Verdier, étaient aussi honnêtes gens que vous, monsieur, je voudrais en avoir une centaine. Cela ne contribuerait pas peu à me faire passer la vie doucement ; mais, puisque cela ne se peut, il faut se contenter de ce que Dieu m'a donné, et le remercier (1).

A en croire la pièce que nous avons analysée,

-----

(1) *Lettres inédites de Baluze à M. Melon du Verdier,* par René Fage, p. 45.

c'est la lésinerie de Baluze qui gâtait tout et empê-chait la conclusion du mariage de Louise. Je ne puis que renvoyer sur ce point le lecteur aux *Lettres inédites* publiées par mon fils. Elles lui prouveront que Baluze a toujours agi au mieux des intérêts de sa nièce, qu'il a souhaité son éta-blissement et l'a favorisé de tout son pouvoir ; on l'y verra presser les négociations en cours, se fâcher des lenteurs qu'elles rencontrent, ne reculer ni devant les démarches, ni devant les voyages pour les faire aboutir ; sollicitant son neveu Melon de s'attacher plus que jamais à l'affaire de Louise et lui mandant qu'il faut en finir, qu'on ne peut avoir autant de patience « qu'il y a dix ans, au début des projets de mariage ; qu'il a fait tout ce qu'on souhaite de lui et même plus. » Il insiste pour qu'on revienne « au premier projet [1] ; je donnerai mille écus en outre et par-dessus ce qui avait été convenu. »

Que nous voilà loin des mille écus refusés par Baluze, et du reproche d'indifférence qui lui était fait, mis malicieusement en regard du généreux don fait à Mlle Muguet ! Baluze n'avait pas oublié les siens de son vivant ; il ne les a pas oubliés davantage dans son testament, ceux du moins qui étaient restés dignes de son affection. S'il a fait une large part aux Muguet dans les biens qui lui restaient, c'est qu'il avait constamment trouvé dans cette famille qui était celle de son libraire, de l'éditeur attitré de ses ouvrages, pendant près de trente années, aux divers moments de sa vie et aux plus critiques, une affection et un dévoue-ment qui ne lui avaient jamais fait défaut, et que, par les libéralités dont il usa envers elle, il s'acquit-

---

(1) Mariage projeté avec Martial-François Melon.

tait moins d'une dette d'amitié que d'un devoir de reconnaissance.

Telle est l'opinion de M. Léopold Delisle, qui n'hésite pas à dire qu'il ne faut tenir aucun compte d'une récrimination « suggérée sans aucun doute par des héritiers qui ne comprenaient pas la délicatesse des dispositions prises par Baluze en faveur de la famille de François Muguet. » M. Clément-Simon qui le cite fait observer que la critique est du P. Niceron, contemporain de Baluze et sort par conséquent d'une source étrangère aux héritiers frustrés; qu'elle peut bien, à ce titre, traduire l'opinion de l'époque et ne point paraître sans fondement. Nous tenons en trop haute estime le grand talent et le jugement de M. Clément-Simon, d'un admirateur aussi éclairé des belles qualités et des immenses travaux de Baluze, pour ne pas faire le cas qui convient de ses scrupules, inspirés par le seul amour de la vérité. Mais il est bien permis de se demander si le P. Niceron s'est prononcé en connaissance de cause, ou par à peu près, sur l'unique impression de la lecture du testament de Baluze, ou bien encore s'il ne s'est pas fait l'écho de quelque factum d'un héritier déçu, comme M. Delisle est enclin à le penser, ou d'un plaideur malheureux qui se revanche, ou d'un juge turlupiné qui se rebiffe. La part active prise par Baluze aux procès de sa famille lui avait valu, à n'en pas douter, du côté des plaideurs battus et des juges ridiculisés par ses écrits, de vives inimitiés qui devaient le suivre partout et chercher à tourner l'opinion contre lui [1].

D'autre part, la place qu'il tint et que les événe-

---

[1] Voir la très curieuse notice de M. Clément-Simon, remplie de faits, de documents originaux, intitulée la *Gaieté de Baluze*, où se trouvent réunies les notions les plus intéressantes sur Baluze et sa famille, et où se laissent bien deviner les inimitiés dont nous parlons.

ments lui firent dans le parti du cardinal de Bouillon ; ses relations officielles avec les gens de lettres, *genus irritabile*, toutes cordiales qu'elles fussent ; l'exécution du mandat que lui avait donné Colbert pour enrichir et conserver sa bibliothèque, les soins qu'il mit à former la sienne propre, à assembler enfin tant de livres et de pièces uniques qui devaient constituer plus tard une œuvre si grande et l'un des plus précieux dépôts de notre Bibliothèque nationale, n'avaient pas laissé de lui susciter des mécontents et des envieux, dont les sentiments se traduisirent par d'acrimonieuses doléances.

Il a dû en rester trace dans les pièces et lettres du temps. Les collectionneurs de nos jours peuvent en détenir quelque chose. Il y aurait légèreté à se faire une opinion sur de si fragiles documents. On ne saurait trop se mettre en garde contre le penchant de généraliser des cas individuels, des particularités plus ou moins intéressées.

Quelques récriminations isolées ne prévaudront pas contre l'opinion générale qui protège la bonne renommée de Baluze.

Et voilà, pour en revenir à notre manuscrit tullois, comment on écrit les petits papiers de l'histoire ! Nous n'avons relevé de tels bavardages que pour en prendre occasion de montrer de quelle manière Baluze se comporta envers ses proches et ses amis. Ce furent de pareilles billevesées, consignées dans une gazette du pays même du célèbre écrivain, qui allumèrent en 1856 la verve de M. Maximin Deloche, de cet excellent Tulliste qui, en quittant sa ville natale, l'a emportée, comme Baluze, dans son cœur, devenu depuis membre de l'Institut de France, — mais alors à ses débuts, si brillants dans les recherches savantes, tout pénétré comme aujourd'hui de vénération pour son compatriote du xvııe siècle, son grand ancêtre dans l'érudition française, — et lui dictèrent une éloquente notice, dont nous avons eu la bonne chance de pouvoir nous inspirer.

« Fils de ses œuvres, écrivait M. Deloche, artisan de sa propre gloire, Baluze ne l'a-t-il pas assez chèrement acquise au prix des efforts de chaque jour, de chaque instant d'un travail sans trêve ni repos, au prix des persécutions, de la ruine et de l'exil, pour qu'elle reste désormais sans débat attachée à son nom ? pour que, à défaut d'un autre sentiment, le souvenir seul de ce qu'il souffrit éloigne de lui des attaques injustes et inconsidérées? »

On ne pourrait mieux dire. L'injustice n'a qu'un temps ; la vraie gloire demeure. Le rôle éminent qu'a rempli Baluze dans l'ordre des sciences, le rang qu'il sut prendre dans les lettres, sont fixés à tout jamais d'une manière définitive. Les années écoulées n'en ont ni diminué l'importance ni terni l'éclat. Personnage des plus considérables par son savoir, par ses ouvrages, par les grandes situations qu'il occupa, de plain-pied avec les plus savants, admis dans l'intimité des premiers hommes d'Etat de son siècle, estimé, honoré de tous, il est venu jusqu'à nous, Dieu merci, sans avoir perdu un fleuron de sa couronne. Sa connaissance approfondie des auteurs et de l'histoire ecclésiastique, sa méthode, ses procédés de discussion, la variété et l'importance de ses travaux, sa merveilleuse aptitude à découvrir les manuscrits, à expliquer les vieux textes, à reconstruire le passé, assurent à l'œuvre, où se concentrèrent ses facultés, la durée qui est promise aux seuls monuments de l'intelligence. Tant que la science sera en honneur dans le monde, les ouvrages de Baluze garderont leur prix et sa mémoire sera glorifiée.

« La plupart des savants, a dit un de ses contemporains, Bayle, à propos d'un des premiers bienfaiteurs de Baluze [1], ne sont propres qu'à cultiver les terres qui ont été défrichées. Ils peuvent aplanir ou élargir un chemin que d'autres ont déjà fait. Quelques-uns, un très petit nombre, peuvent défricher les terres les plus incultes et faire une route dans des forêts où personne n'avait passé ; M. de Marca était de ce petit nombre choisi. » Baluze a pris place dans cette élite. Son œuvre marque une date dans l'évolution des études historiques. Elle a servi de point de départ au mouvement qui s'est développé depuis, et qui a fait de l'histoire une science exacte. Le souci, ou pour mieux dire, la passion de la vérité historique, de l'exactitude littéraire justifiée par les textes, tel fut le mobile supérieur qui dirigea les travaux de Baluze et le fit passer maître dans l'art de déterrer et d'interroger les titres épars de nos origines, d'en tirer le merveilleux parti que l'on sait ; et cela, au prix de quels efforts, grâce à quelle somme de labeur, en un temps où les communications étaient si difficiles, les livres si rares, où les manuscrits étaient ensevelis dans les archives des abbayes, des couvents et des châteaux, dispersés au fond des bibliothèques, et, le plus souvent, très jalousement gardés par des hommes peu éclairés et défiants. Ce sera l'éternel honneur de Baluze d'avoir été l'un des promoteurs de l'école des manuscrits, de l'histoire documentée, — et du très petit nombre de ceux qui ont fait « une route dans des forêts où personne n'avait passé. »

Baluze et quelques autres de ses illustres contemporains, *Luc d'Achery*, *Mabillon*, *Sainte-*

---

[1] Dictionnaire de Bayle — Pierre de Marca.

Marthe, Du Cange, Montfaucon, dont l'action ne saurait sans injustice être séparée de la sienne, ont transmis à leurs successeurs, dans la sphère de leurs connaissances respectives, un amas incomparable de richesses intellectuelles et les ont dotés d'un merveilleux instrument de travail. Les écrivains de l'école didactique, philosophique, ou résurrectionniste, qui ont paru plus tard, dans la première moitié de ce siècle, Sismondi, Guizot, les deux Thierry, Michelet, Henri Martin, Fustel de Coulanges, se sont élevés à leur école, ont profité de leur opulent patrimoine, l'ont prolongé et utilisé dans des sens divers ; quelques-uns d'entre eux, les plus brillants et les plus artistes, ont jeté, pour le suprême honneur des lettres, sur le gros œuvre ainsi préparé et agrandi, les décors de leur style, les couleurs de leur imagination, le mouvement de la vie. Baluze fut donc mieux qu'un compilateur émérite et un admirable commentateur ; il fut un véritable initiateur dans son genre. L'originalité et le don d'invention caractèrisent son œuvre. Venu en un temps où les plus érudits se plaisaient dans la variété des recherches dissemblables et des études discursives, il réagit à sa manière contre le goût régnant, concentra ses efforts et s'appliqua à discipliner l'étude dans les matières de son ressort, à y mettre de l'ordre, de la précision, de la lumière. Il introduisit de la sorte des habitudes moins relâchées et, pour ainsi dire, des mœurs nouvelles dans la littérature savante. Il y a du Boileau en lui pour l'initiative, la correction, le travail bien ordonné et la règle sévère.

J'indique la comparaison, mais n'aurai garde d'y insister. On se ferait de Baluze une idée fausse, si on le voyait *tout d'une pièce d'après la gravité soutenue de Boileau.* Les traits du poète de Louis XIV sont gravés dans toutes les mémoires :

ils nous représentent la figure morose d'un magister des Lettres ou, comme on disait, du législateur du Parnasse. Or, Baluze était le contraire du rigoriste et du pédagogue. C'était un savant aimable, poli, même jovial, du meilleur monde et du meilleur esprit. Il y avait en lui deux natures bien tranchées qui ne juraient nullement d'être accouplées ensemble, et deux hommes qui, sans se ressembler, ont toujours fait bon ménage : d'une part, l'érudit de la forte race des commencements du xvıı$^e$ siècle, réservé et bien équilibré, à la Boileau, et de l'autre, l'homme du monde, des cercles lettrés et des dîners littéraires, très alerte et très ouvert de tous les côtés, avec le jet hardi et les libertés de la Renaissance.

Pour ce qui est du savant, il est à noter que Baluze, bien qu'il appartienne à la floraison des érudits d'avant le grand règne, ne s'y est pas confiné, a continué le mouvement et l'a prolongé jusque dans les premières années du xvııı$^e$ siècle. Sa longévité extraordinaire, et toujours active, lui a permis de résumer en lui ou tout au moins de refléter des époques du caractère le plus différent ; elle explique la diversité de traits, de goûts et de dons qui distinguent Etienne Baluze.

# VIII



Au moment de sa naissance, les dernières étoiles de la pléiade avaient disparu, mais il en restait encore sur les lettres une demi-clarté charmante. Malherbe venait de mourir. Balzac, Voiture, Vaugelas, Racan étaient de l'Académie française. Boileau débutait presque en même temps que Baluze. Bossuet commençait à percer, avait prononcé ses premiers sermons. On avait joué à la Comédie-Française le *Cid* de Corneille. La Bruyère, La Fontaine, Racine, Fénelon entraient à leur tour en scène et jetaient sur le second tiers du siècle un éclat ineffaçable. L'ère finissante allait bientôt s'illuminer de l'aube nouvelle, qui s'ouvrait avec Fontenelle et annonçait Voltaire. La longue vie de Baluze (1630-1718) avait touché à ces temps successifs, atteint sa pleine virilité au plus beau moment du siècle, et reçu les influences diverses des époques traversées. De la Renaissance, il tient la note gauloise et la gaillardise ; témoin ce passage d'une lettre à

Melon du Verdier, à propos d'un petit-neveu qu'il lui a donné : — « Pour mon fillol qu'on dit être si beau, j'appréhende que, suivant la relation que vous me faites de son grand appétit, il lui faudra 300,000 vaches pour l'allaiter, comme à Pantagruel, ce qui serait d'une très grande dépense [1] ». Et ailleurs : — « Pour Monsieur mon fillol, je suis bien aise d'apprendre qu'il croît en vertu et qu'il sait déjà faire ce que le bon Pantagruel faisait dans un âge plus avancé ! *Diou lou·fasso creysse !* [2] » La note crue ne lui fait pas peur : — « J'ay esté bien affligé d'apprendre que Mimi (le petit-neveu) a chié dans sa culotte. Vous pouvez néanmoins l'assurer que je ne publierai pas cette nouvelle et que je ne la ferai pas imprimer [3] ».

Ces traits de verve rabelaisienne ne sont pas rares chez Baluze, et ne mettent que mieux en relief la correction ordinaire de son esprit, le goût général qui lui est propre, qu'il tient de son génie naturel et des maîtres nouveaux. Au nombre des livres qu'il envoie de Paris à sa famille du Limousin, il est intéressant de noter les *Contes de fées* de Perrault, les *Fables* de La Fontaine, les *Caractères* de La Bruyère. On voit tout de suite par là qu'il est de la famille des écrivains originaux, élégants et polis qui viennent de s'emparer de l'attention publique. L'idiome des anciens, dont il s'est presque toujours servi pour écrire ses ouvrages, le rattache aux belles époques de la Rome classique, par ses qualités de noblesse, de finesse et d'exactitude. Son latin a de la concision, une étonnante propriété de termes, la forme nette,

---

[1] Lettre du 3 janvier 1693.
[2] Lettre du 10 janvier 1693.
[3] Lettre du 27 décembre 1698.

parfois imagée et poétique. Quand il écrit en français, par le tour et la clarté du style, par le goût déjà épuré qui préside au choix des expressions et le mouvement de la phrase, on sent le contemporain des bons écrivains du xviie siècle.

Le savant Baluze était un lettré de la bonne race. Ce très grave professeur en droit canon du Collège royal avait le mot pour rire et la plaisanterie à fleur de lèvre. Son savoir, sa vive et belle humeur faisaient rechercher sa compagnie. Rien en lui du docteur régent en *us*, compassé et solennel, comme il s'en trouvait de son temps, ne descendant jamais de chaire et toujours empêtré dans un gros bagage de science. Le bagage de Baluze était certes des plus lourds ; il n'y paraissait pas. Baluze n'aimait pas à en faire étalage, ne cherchait à accabler personne du poids de ses richesses. C'était le type du savant bien appris, simple et bon vivant.

Sa maison était réputée pour une des plus hospitalières et des plus agréables. Les meilleurs écrivains de l'époque en connaissaient le chemin. Avaient-ils besoin d'un renseignement, d'un conseil, d'un bon office, ou tout simplement voulaient-ils se distraire, c'est chez Baluze qu'ils allaient. Parmi ses visiteurs accoutumés, je me plais à compter Perrault qui fut premier commis de Colbert, Chapelain, l'abbé de Louvois, Du Cange, Ménage, Sainte-Marthe, le P. Bouhours, le provincial La Monnoye toutes les fois qu'il se décidait à quitter son cher Dijon, ses deux collègues du Collège royal, l'abbé Le Gallois et Hersant. On devine aisément ce qu'un cercle ainsi composé, animé à l'occasion par tant d'autres beaux esprits, et des nouveaux venus, des plus modernes et des plus renommés, présentait, sous toutes les formes et dans tous les sens, d'attraits élevés et de séductions intellectuelles ; ce qu'il y avait de sérieux, de piquant, d'imprévu, et d'agréments de toutes sortes, dans une conversation alimentée et aiguisée par de tels esprits, des savants, des poètes, des historiens, des humanistes, tous hommes d'étude et de fine répartie, mais de talents et d'horizons si différents ! Il y avait place, au foyer tolérant de Baluze, pour la discussion grave, les controverses des érudits et des philosophes, des croyants et des sceptiques, comme pour les escarmouches légères, l'épigramme malicieuse et l'anecdote plaisante, pour toutes les curiosités et les *courantines* de l'esprit.

Le maître de la maison ne laissait pas languir les entretiens, les attisait et les assaisonnait supérieurement ; et, en beau causeur, quelles qu'en fussent les directions et les échappées, soit qu'il s'agît de littérature ancienne où il excellait, soit qu'il fût question des Lettres modernes dont il se délectait, soit qu'une controverse de critique historique occupât le tapis, Baluze y mettait le mot propre, la réflexion sensée, et, suivant le cours de la conversation, le grain d'ironie, la plaisanterie ingénieuse, l'étincelle amusante. Il avait des vivacités de langage, des aperçus burlesques et des joyeusetés d'humeur qui ravissaient ceux qui l'écoutaient. M. Clément-Simon a élevé un joli autel à la *Gaieté de Baluze*. On peut voir dans sa notice toute une suite de facéties et de drôleries imaginées à l'occasion du procès dont nous avons parlé, que soutenait Jean Baluze, médecin, frère de l'historien, contre un autre Jean Baluze, avocat, et contre Pierre Baluze du Mayne ; procès interminables, qui occupèrent pendant plus de dix ans toutes les juridictions et mirent finalement l'avocat Baluze sur la paille. Etienne s'y trouvait intéressé et suivait de près les affaires. Celle de

Jean Baluze, son frère, perdue en première instance, fut portée au Parlement de Bordeaux. Ce sont les juges du premier degré, les membres du présidial de Tulle, qui sont pris à partie et houspillés d'importance : le conseiller Lagarde, le sieur Etienne Courrèze, les sieurs Larue et Clary, les Brossard, surtout Jean-Baptiste Brossard, successivement conseiller et rapporteur dans la cause. Il y a bien de l'esprit, non du meilleur, dans ces inventions burlesques et ces turlupinades, où l'auteur met en branle les gausseries, les citations, les similitudes à la mode de son temps, et même, pour que le vacarme soit complet, toutes les cloches de la bonne ville de Tulle, la *Sauveterre* et le *Grand Saint* qui sont celles de la Cathédrale, et encore le *Carillon* de la paroisse de Saint-Julien. Ce n'est pas le cas de dire : beaucoup de bruit pour rien, car le procès fut gagné en appel.

Baluze, toutefois, a eu des gaietés autrement fines et savoureuses. Nous citerons comme modèle du genre facétieux quelques fragments d'une lettre par lui adressée de Tulle à son frère le chanoine Baluze, qui, dans une épitre écrite en latin, s'était avisé de le nommer tout le temps *Balucius* au lieu de *Baluzius*, et soutenait que c'était bien là leur nom de famille, et que ce nom était très grand, parce qu'il tirait son origine du mot *balux*, qui, au dire de Pline, signifie *sable d'or* :

Vous faites bien, Jean, mon frère très cher, d'écrire en latin ; c'est par la pratique de cette langue, maîtresse du bien dire, que s'acquiert le style. Vous faites en outre une chose qui m'est infiniment agréable, car j'ai en grande vénération, comme vous le savez, la langue latine. Mais ce qui me stupéfie, c'est que nous sommes qualifiés dans votre lettre du nom de Balucius au lieu de Baluzius.

Veuillez, je vous en prie, ne point ainsi corrompre à l'avenir notre nom. Baluzius sonnera toujours mieux aux oreilles latines que Balucius, et l'autorité de Pline, qui donne quelque part le nom de *balux* à un *sable d'or*, n'y fait rien ; car nos ancêtres, qui doivent leur nom soit à la coutume, soit au hasard, étaient loin d'être des gens d'*or*.

S'il est permis de s'arrêter un instant à ces jeux d'imagination, j'aime mieux être appelé Baluzius que Balucius, parce qu'il y a plus de gloire à être fils du ciel que de la terre. N'est-ce pas, en effet, la terre qui produit le sable d'or appelé *balux*, quelque précieux qu'il soit ? Le ciel seul a engendré les Baluze. Puisque vous voulez me combattre avec de tels arguments, j'invoque à l'appui de ma thèse le témoignage des Grecs. Chez les Grecs, *Balos* signifie ciel. Et qui sait s'il n'est pas de notre famille, ce divin Prométhée, qui forma un jour les hommes du limon et déroba le feu du ciel pour en faire présent à la terre. Il me semble que Virgile parle aussi de nos aïeux, lorsqu'il dit en un passage : « Ils ont la puissance du feu et une céleste origine... » En vérité, toute plaisanterie à part, je vous conseille sérieusement de ne plus mettre à l'avenir *Balucius* pour *Baluzius*. Pour mon compte, je m'en tiendrai opiniâtrément au nom de mes aïeux.

Et la lettre à l'ami de Pierre de Marca, au savant Médon de Toulouse, qui se relève si fièrement pour célébrer les gloires limousines, est-elle assaisonnée, au début, d'une assez fine ironie et du pur sel attique :

Je me crois transporté dans un autre monde, illustre Médon, lorsque je lis vos lettres, où vous me traitez, — moi qui suis ignorant de toute littérature et surtout de fine littérature, — d'homme très cultivé et très lettré. Moi, très cultivé ? moi, très lettré ? moi, dis-je, qui habite la province des Limousins ? une province qui, s'il faut en croire les Français malins, mérite justement d'être comparée à la Béotie ; où l'on vit dans la patrie des moutons et sous un air épais. Vous vous trompez, mon Médon, si vous pensez que des hommes lettrés peuvent vivre dans cette province, où notre nourriture habituelle se compose d'herbes, de poreaux, de raves et de châtaignes (1).

---

(1) *Deux lettres de Baluze*, par Emile Fage, Bulletin de la Société des Lettres de la Corrèze, année 1890, p. 75 et suivantes.

Tout n'était pas, comme on le voit, à la science, et aux Lettres sévères chez Baluze. Il avait même, à Paris, un *home* réservé, un *chez lui* plus intime, où il se découvrait et se livrait davantage. Les Hersant, les Villault, les Levry, les Muguet, les d'Origny en étaient les hôtes accoutumés. C'est là qu'il se retirait volontiers, après ses travaux du jour, pour se reposer et se détendre dans l'abandon des agapes sans apprêt et des causeries aimables. Il y avait établi ses quartiers préférés, ses autels domestiques, — où il sacrifiait, en ces temps heureux, à la joie de vivre en liberté, — et, si je puis dire, ses divinités familières à la façon de celles d'Horace et de Montaigne.

Baluze était l'honnête homme, dans le sens qu'on attachait à ces mots au xviiᵉ siècle, et par suite le galant homme. La société des femmes polies et spirituelles lui plaisait. Dans son entourage le plus proche et le plus cher, brillait au premier rang Mˡˡᵉ Levrye, qui s'était dévouée à ses vieux jours, et qui les ranimait par la chaleur de son affection, par les éclats de sa gaieté ravissante. Mˡˡᵉ Beudon rivalisait, auprès de Baluze, de bonne grâce et de bonne humeur avec sa délicieuse amie. Parmi les plus empressées et les plus assidues, c'étaient encore Mˡˡᵉˢ Villault, très gracieux rejetons de « la famille Villaultique », des Parisiennes dans l'âme, qui sont tout de même très friandes des choses de Tulle et en reçoivent, par son intermédiaire, des petits pois, du gruau, du fromage, des dentelles confectionnées par les filles du pays ; Mᵐᵉ Roussel, qui porte fièrement sur les boulevards de Paris des sabots tullois, et Mˡˡᵉ Muguet, et Mᵐᵉ d'Origny. On peut se faire une idée du charme de ces réunions, sans étiquette et sans contrainte, où les nouvelles récentes, les livres du jour, les sermons de Bossuet et de Bourdaloue, les chefs-d'œuvre de Corneille, de Racine et de Fénelon, les nouvelles et les choses du pays de Baluze apportées par le dernier ordinaire, formaient le thème habituel de la conversation, se mêlaient et s'entrechoquaient, se répercutaient finement, en échos variés, dans un milieu d'où le convenu et le maniéré étaient exclus, — si près de l'hôtel de Rambouillet et des *Précieuses !* — et à cent lieues, pourtant, de cette maison illustre, tant les entretiens les plus libres y étaient réglés par une raison toujours présente et une sagesse aimable, d'une bonne veine bien française, bourgeoise si l'on veut, mais d'une bourgeoisie élevée et affinée. On fait remonter à Baluze l'honneur de la fondation des dîners littéraires. C'est au cours d'un de ces repas que Bertrand de la Monnoye entonna avec sa chaleur bourguignonne, à la gloire du maître, le joli couplet, bien connu aujourd'hui, répété par nombre de biographes, d'une facture si leste et d'une humeur si franche, où se montrent, dans le laisser-aller des réunions amies, l'intelligente et vive physionomie d'Etienne Baluze, sa verve exubérante :

> Entonnons un couplet gaillard
> Pour notre ami Baluze,
> Entonnons un couplet gaillard
> Pour ce docte vieillard.
> A table, il rit,
> Il chante, il nous amuse ;
> Ce qu'il dit
> Est plein d'esprit...
> Exempt d'ennuis,
> Dans vingt ans, comme aujourd'hui,
> Puissions-nous boire avec lui !

Ce croquis léger nous fait bien voir les petits côtés de Baluze, non les moins piquants, le convive anacréontique et le charmeur des propos de table. Mais à s'y arrêter trop longtemps, on risquerait d'être induit en erreur et de donner une importance exagérée à ce qui n'est qu'un des aspects de sa nature.

Pour le bien connaître dans la complexité de ses traits diversement originaux, il faut se mettre sous les yeux son portrait par Rigaud, exécuté au cours de sa verte vieillesse [1], alors qu'il était encore dans sa pleine force intellectuelle, et en plein succès : — Un front large et haut, sous la perruque bouclée du grand règne ; des yeux pleins de vie et d'expression ; un menton ferme et de courbe gracieuse ; une bouche parlante, même au repos, spirituelle et sensuelle, relevée aux deux coins comme un arc et toujours prête, ce semble, à décocher une observation judicieuse, une galanterie ou une malice. Dans l'ensemble, une puissante et belle tête, sur un corps robuste. On est attiré et retenu par elle. Il y a plaisir à en étudier les détails, à en rechercher la signification. C'est une physionomie, si éloignée de toute banalité, réfléchie et souriante, ouverte et grave, qui accuse la volonté et l'énergie, la finesse et la bienveillance, la méditation et la spontanéité, un réservoir de forces et de séductions extraordinaires, un mélange étonnant de décision, d'indépendance, de philosophie sereine, d'humaine sympathie. J'y rencontre l'amant des beaux livres et l'ami de la bonne chère. La figure de Baluze est

---

(1) Le portrait de Rigaud est de 1705 ; la gravure de Thomassin qui l'a vulgarisé, de 1714.

Le Catalogue des Portraits limousins, publié par M. Fray-Fournier, contient la description suivante de la gravure de Thomassin : « A mi-corps, vu de 3/4, tourné à droite, dans un ovale équarri reposant sur une console. Dans la bordure, on lit : STEPHANUS BALUZIUS TUTELENSIS. AN. M. DCCXIV, *ætatis 84. Hyac. Rigaud pinx. 1705. S. Thomassin scul. Reg. ære incidit 1714*. In-f° *maj*. — Au centre de la console est un cartouche portant les armes de Baluze : d'azur au chevron d'or accompagné en chef de deux feuilles de trèfle de même et en pointe d'un épi de maïs aussi d'or. »

de celles qui se gravent dans la mémoire. On éprouve devant elle l'impression que donne la présence d'une individualité supérieure, d'un homme qui sait ce qu'il veut, dit ce qu'il pense et fait ce qu'il doit, qui n'a été le vil complaisant de personne et qui peut regarder ses calomniateurs avec la hauteur tranquille de l'honnête homme. Toute sa personne, dans ce magnifique portrait, exprime la dignité, la correction morale, la vigueur intellectuelle, une courtoisie élevée, une aménité séante et la plus heureuse vivacité.

Ce qui nous est resté de sa correspondance, de tous points suggestive, avec Melon du Verdier, met surtout à découvert le coin de vie privée que nous avons entrevu plus haut, l'admirable enfant de Tulle que son clocher natal émerveillait, qui s'est formé aux leçons de choses de sa vieille cité et des arènes voisines de Tintignac, le savant agréable, resté cher aux gens de Lettres et aux braves gens, le Baluze intime, dans son vrai naturel, et dans ses rapports si injustement critiqués avec sa ville natale et ses compatriotes.

Les questions locales l'intéressaient infiniment. Tout ce qui regardait Tulle le regardait. Il y envoyait de l'argent pour les pauvres. Les ateliers de dentelle ou de *point de Tulle*, qui y existaient alors étaient lancés, prônés, représentés par lui dans les milieux parisiens. Nous le trouvons occupé, en 1698, à surveiller de Paris des fouilles qui sont faites à l'église cathédrale, à y restaurer et perpétuer le souvenir des Turenne au moyen d'une plaque commémorative, à rédiger lui-même l'inscription, à la faire graver, à expédier la plaque de marbre, à en surveiller le transport et la mise en place [1].

---

(1) Introduction aux *Lettres inédites*, par René Fage, pp. 31 et 32.

Comme si le surmenage de ses énormes travaux ne suffisait pas à son activité, nous le
voyons y ajouter par surcroît les préoccupations
d'incidents qui ne concernent même pas sa famille, d'affaires privées qui lui sont étrangères
et où il n'intervient que par esprit d'obligeance.
On l'y surprend toujours prêt à rendre service,
patronnant les familles limousines qui ont recours à lui, prenant en main les affaires du
marquis de Saint-Jal, de M. de Lacombe, de
M. de Jayac, de M\ :me de Maumont, s'inquiétant
des conflits qui éclatent à Tulle, des querelles
pendantes entre le Chapitre et l'Evêque, des litiges
concernant les religieuses de Sainte-Claire. Il ne
ménage ni les lettres, ni les démarches personnelles, ni les instances réitérées ; il s'emploie de
son mieux, quand l'affaire est d'importance, auprès de ses amis et protecteurs, de l'abbé de Louvois, frère du ministre, de Le Tellier, de M. de
Torcy, de M. l'abbé de Croissy, du cardinal de
Bouillon, de Colbert lui-même.

On est bien obligé de reconnaître, avec le professeur Hersant, qu'Etienne Baluze était d'une
généreuse et gaillarde race, « *Et Baluziolos
gaillardâ e gente nepotes* [1]. » Il apporte autant
de zèle dans la conduite des choses privées que
de passion éclairée dans le maniement des grandes
affaires de l'histoire, et que de bon esprit dans les
réunions qu'il préside, dans les repas qu'il anime,
où l'on s'amuse honnêtement, sans pose à la Du
Bartas et sans fadeurs à la Scudéry, en toute sim-
plicité et toute liberté d'allure. On ne peut vraiment s'empêcher d'admirer, à le prendre dans

---

(1) Propos rapporté par Baluze dans sa lettre du 27 décembre 1792.

l'ensemble de sa vie, avec quelle aisance et quelle maîtrise, avec quelle robuste allégresse Baluze menait de front tant de choses et de tâches diverses, ses recherches d'érudition, ses travaux critiques et généalogiques, ses leçons au Collège Royal, la formation de l'immense bibliothèque de Colbert, de la sienne propre, trouvant avec cela le temps d'entretenir des relations avec les plus hauts personnages, de fréquenter les cercles, de suivre une correspondance volumineuse, de recevoir ses amis et même de les régaler d'un plat de sa façon, la soupe au fromage, dont personne n'avait entendu parler avant la publication des Lettres à Melon du Verdier, et qu'il confectionnait, paraît-il, avec un art parfait.

Baluze cuisinier ! c'est tout de même, il faut en convenir, un aspect inattendu de cette curieuse physionomie. On se le figurait communément dans son cabinet, dans ses bibliothèques, dans sa chaire de professeur, mais dans la cuisine ! qui se serait attendu à le trouver là ? Melon du Verdier l'a surpris à son fourneau et s'est régalé de la fameuse soupe. Il en dit merveille à sa femme : « Votre oncle a pris grand'peine à faire lui-même une soupe au fromage dont j'ai tant mangé que j'en suis encore saoul ; c'est une débauche de Limousin [1]. »

Donc, c'est un fait acquis à l'histoire. Le grand Baluze a pu mettre la main à la pâte sans déchoir et tenir la queue de la poêle, sans choquer Colbert. C'est un signe des temps. Nos ancêtres les plus éminents se piquaient de cuisine. Beaucoup de gens de lettres prenaient autant de plaisir à confectionner un plat qu'à ciseler un sonnet. Voiture a cé-

---

(1) Lettre de M. du Verdier à sa femme, en date du 1er novembre 1692 ; page 13 de l'Introduction aux *Lettres inédites*, par René Fage.

lébré les mérites d'un potage composé par son ami Balzac, comme il eût fait d'un poème. Brillat-Savarin est allé jusqu'à dire que, sous Louis XIV, les écrivains aimaient la table jusqu'à l'ivrognerie, mais ce n'est là qu'une boutade d'après boire, qu'il serait inconvenant de généraliser. Baluze, qu'on se rassure, n'avait rien de son compatriote le parasite Montmaur. Sa soupe était un pur badinage. Il ne poussa pas plus avant ses connaissances gastronomiques et s'en tint à cette unique expérience, qu'il réussissait admirablement, mais qui n'eût pas suffi, quelque peine qu'il y prît, à l'immortaliser.

J'estime au surplus que l'honneur de l'invention ne lui appartient pas, et qu'il avait importé de Tulle la recette de la soupe baluzienne. Il était resté, comme on sait, fervent Tulliste, et goûtait fort les recettes culinaires de son pays, comme du reste tout ce qui y venait et tout ce qui en venait, ses fruits, ses châtaignes, ses légumes, ses truffes, ses productions de toute nature, ainsi que les historiettes qui y avaient cours, les gauloiseries et les patoiseries qui s'y débitaient, le soir, sous le manteau de la cheminée, *el contou.*

Sa fidélité aux traditions locales, aux souvenirs du passé familial, des bonnes gens de *chez lui,* des renommées limousines disparues, ne s'est jamais démentie. Les deux extrémités de sa vie se rejoignent dans le même culte des choses vénérables, dans le même esprit de glorification du lieu de sa naissance.

Sa pensée ne se reporte vers la ville où il est venu au jour, qu'avec douceur. Oh ! *son Tulle,* disait-on, en souriant, dans son entourage de Paris ! « Baluze est allé voir sa chère patrie,

Tulle en Limousin », écrivait Mabillon [1]. On sentait, rien qu'à l'entendre, que Tulle était son bien, son domaine préféré. Quand il en parle, sa voix prend un accent particulier, son cœur s'attendrit, son langage se colore des images de la poésie : « J'ai résolu, dit-il dans la préface de son *Histoire de Tulle*, de décrire ma chère ville de Tulle, ainsi qu'une autre Ithaque, attachée comme un nid aux flancs d'âpres rochers, et de fixer par mes récits le souvenir des événements qui y survinrent et qui méritent d'être rapportés ; car c'est ma patrie et celle de mes frères, où vécurent mon père, mon aïeul et une longue suite d'ancêtres qui brillèrent moins par de vaines splendeurs que par une probité éprouvée. J'ai, dis-je, résolu d'écrire l'histoire de notre ville pour mes concitoyens, de peur que nous ne paraissions des étrangers et des hôtes dans notre propre pays. »

L'amour de son pays lui a inspiré l'idée d'écrire les *Vies des Papes d'Avignon*. C'est son admiration pour la grande race du Bas-Limousin, les Turenne, qui le poussa tout d'abord, plus que tout autre mobile, à composer la magnifique et malheureuse *Histoire de la maison d'Auvergne*. L'*Histoire de Tulle* fut en quelque sorte le testament du meilleur de ses enfants, et comme le témoignage suprême de son attachement filial.

Des sentiments d'un ordre si relevé, d'un patriotisme si rare, ne lui procurèrent pas dans sa ville d'origine toutes les satisfactions qui lui étaient dues. D'autre part, sa gloire de savant et d'écrivain, le crédit dont jouissaient ses ouvrages en France et à l'étranger, la pureté de sa conscience et l'éclat de sa réputation, au lieu de le défendre

---

[1] Lettre du 1er septembre 1682.

contre des imputations calomnieuses, tournèrent
à son détriment dans l'affaire du cardinal. Tant
de science et de considération, au service d'une
personnalité suspecte au roi, ne pouvaient que déplaire aux courtisans du jour et les animer contre
lui !

Personne n'y fut trompé, à l'époque. On savait
ce qui se tramait, et d'où partaient les coups, et
qui l'on voulait atteindre. Tout le monde alors savait bien que Baluze était un homme intègre, et
que le procès qu'on lui avait fait, pour usage de
pièces fausses, était abominable ; que, si on avait
eu affaire à un faussaire, les choses eussent pris
lestement un autre cours ; qu'on ne se fût pas
borné à congédier et à disgracier l'historien des
Bouillon, comme un professeur dont on est mé-
content. C'est en compagnie de Pierre de Bar et
de ses compères qu'il eut fini ses jours à la Bastille ! On n'osa pas pousser l'infamie jusqu'au bout ;
on la poussa pourtant assez loin pour remplir
d'amertume la plus illustre des vieillesses.

L'épitaphe de Baluze composée par lui-même
exprime bien son état d'âme dans les dernières
années qui lui restaient à vivre : la joie du savant
qui a terminé son œuvre, l'amertume que laissent
les déceptions et les maux accumulés, l'accable-
ment qui suit le triomphe des causes injustes, et
enfin la mélancolie, non dépourvue de malice, d'un
homme désabusé, qui laisse le monde à ses disputes et le quitte sans esprit de retour.

> Il gît ici, le sire Etienne,
> Il a consommé ses travaux ;
> En ce monde il eut tant de maux
> Qu'on ne croit pas qu'il y revienne.

Voilà Etienne Baluze, tel qu'il nous apparaît
dans le splendide cadre du siècle de Louis XIV,

tel qu'il fut dans sa longue carrière d'étude, dans les vicissitudes de sa vie et la sincérité de ses sentiments, Baluze de Tulle, *Baluzius Tutelensis*. C'est lui-même qui s'est ainsi qualifié. Tous ses ouvrages portent cette double dénomination. Il a voulu que sa ville natale demeurât associée à sa destinée, à ses joies, à ses revers, à ses gloires. Tulle faisait partie de son nom, profitait de ses mérites, grandissait avec sa renommée, partageait ses disgrâces; était avec lui à l'honneur et à la peine. Bien peu d'écrivains ont fait pour leur ville natale ce qu'il a accompli pour la sienne et lui ont élevé un monument comparable au sien. C'est pourquoi, si la France savante ne peut regarder Baluze qu'avec admiration, sa patrie limousine lui doit à jamais un tribut d'affection et de reconnaissance.

Son culte de la terre de ses ancêtres, le zèle qu'il mit à la faire connaître et le talent qu'il employa à l'honorer, ses relations dans les premières sociétés du temps, ses amitiés littéraires, la part qu'il prit aux plus grandes choses de l'érudition, les charges qu'il occupa, les travaux qu'il a laissés, sa dignité et sa force d'âme dans les événements qui désolèrent sa vieillesse ; et avec cela, un esprit des plus cultivés, et un bel esprit, ouvert et vivant, s'échappant en vifs propos et en libres saillies, mais tempéré par le sourire de la politesse et la douceur d'une charmante bonté naturelle ; — ce merveilleux ensemble de dons, de lumières, d'honneurs et d'infortunes, fait de Baluze une figure attachante et intéressante entre toutes, dans la galerie des savants du xviie siècle.

Sainte-Beuve, parlant de l'aimable et docte Huet, évêque d'Avranche, rappelle à son éloge que Brunck, le célèbre éditeur de l'*Anthologie*, l'a salué avec bonheur *flos Episcoporum,* la fleur des

Evêques. Il nous semble qu'Etienne Baluze, par les services qu'il a rendus aux Lettres, comme par ses qualités de cœur et sa variété d'esprit, mérite, non moins justement, d'être surnommé la fleur des Savants.

# TABLE DES MATIÈRES

## V



## VI



## VII



## VIII

9 782329 049434